本能寺の変に謎はあるのか？

史料から読み解く、光秀・謀反の真相

渡邊大門

晶文社

装丁　アルビレオ

はじめに

本能寺の変の研究は史料の扱いや論証方法などで、いろいろと問題があるといわざるを得ない。デタラメな研究方法でいくら論証しても、まったく意味がないことで、それは歴史研究とは言えない。本書の「はじめに」では、ごく簡単に歴史研究の方法や問題点について触れ、最後に本書の狙いを書いておきたいと思う。

歴史研究とは

歴史というのは、一般の人々に非常になじみが深い。それぞれの地域では、盛んに歴史の講演会を開催しており、多くの人々が参加する。特に、歴史的に著名な人物や事件を題材とした講演会を催すと、あっという間に満席になってしまう。小説、テレビ番組、映画などでも、歴史モノというのは欠かすことができない。

歴史研究の裾野は広く、街では一人や二人の歴史研究家がすぐに見つかる。いわゆる「郷土史家」「街の歴史家」である。ところが、「街の化学者」「街の物理学者」「街の数学者」になると、そんなにいないはずである。それらは特殊かつ高価な装置が必要であったり、高度な理系の知識を有する必要があるなど、非常に敷居が高いからだろう。

地元に関する歴史研究ならば、都道府県立図書館に行けば、史料や研究文献がそれなりに揃う。かつては、仕事を持つ傍ら、大学の先生に匹敵するような研究業績を挙げた人もいるのだから、正しい歴史学の研究方法を身につけ、史料を読めるようになることができれば、学歴などに関係なく誰もが参加できる。

一次史料と二次史料

では、正しい歴史研究の方法とは何だろうか。少し難しい話になるが、ごく簡単に言うと、近代歴史学の方法論は①良質な史料に基づき、②これまでの先行研究を参照しつつ、過去の歴史を実証することである。史料的根拠がない場合は、単なる想像に過ぎない。

史料にもいろいろある。一次史料が古文書・古記録といった同時代史料であるのに対して、二次史料は後世に編纂された史料のことをいう。たとえば、軍記物語、地誌、家譜、系図、覚書などである。それらは執筆者の主観や勘違い、記憶違い等々の可能性があるので、利用に際しては注意が必要であり、用いる際には慎重でなくてはならない。

成立年が早いとか、名家に残った史料であるとか、執筆した人物が信頼できるなどは、二次史料の信憑性を担保したことにはならない。たとえ信憑性の高い二次史料であっても、一次史料を中心にして論を展開するのがセオリーである。念のために申し添えると、『信長公記《しんちょうこうき》』は信頼度の高い史料であるが、二次史料に区分される。鎌倉時代を研究する際の根本史料『吾妻鏡《あずまかがみ》』も編纂された二次史料である。

実際に二次史料の信憑性を担保することは、非常に困難である。仮に、ある二次史料のある部分の記述と一次史料の記述が一致するとしよう。そうなると、その二次史料のその部分については、正しいといえる。

しかし、その二次史料が一次史料の記述と符合する部分が多いからといって、一次史料で確認できないほかの部分の記述が正しいとはいえない。間違っている可能性は十分にある。全体の信頼度が高いということを理由にして、ほかの一次史料で補えない部分も正しいと考えるのは極めて危険である。

先行研究を参照しつつというのは、これまでの研究の到達点を確認することである。たとえば、「〇〇の乱は、××年に起こった。新発見だ！」と狂喜乱舞しても、すでに別の研究者が論証していれば、その研究者にプライオリティーがある。ほかの人が発見したことをあたかも自分が発見したかのように言うのは、アウトである。

細かい議論は省略するが、おおむね右のルールで歴史研究は行われる。つまり、デタラメな史料を使ったり、他人の研究を無断で借用し、あたかも自分が論証したかのように論じるのは完全なご法度である。また、根拠もないのに自説を主張するなど、あってはならないことである。

史料の読み方

実は、史料を読むのは難しい。私の場合は中世史であるが、この歳になっても史料を読むのは難しいと痛感する。

難しい理由は、当時用いられた言葉には現代では使われない難解なものがあり、『日本国語大辞典　第二版』（小学館）などの辞書で一つ一つ語句の意味を確認する必要がある。また、おおむね文章は抽象的であり、文中の敬語の使い方などで、誰が主語なのかを確定する必要が生じることもある。もちろん簡単なものもあるが、非常に込み入った内容の史料の場合、頭を悩ますことも決して珍しくない。

次に、史料解釈では、書かれていることを正確に読み取ることが重要である。たとえば、「こう読んだら自分の説に有利になるな」とか、自分の都合の良いように読んではいけない。あくまで書かれていることを正確に読み取ることが最優先される。正しく読むことの積み重ねが、正しい結果につながっていく。

先述のとおり、二次史料は後世に成った史料なので、普通はあまり使わない。代表的な二次史料としては、軍記物語、系図、家譜、覚書などの類がある。

最近では史料批判をしたうえで、積極的に使うべきだという意見もある。史料批判とは史料の信憑性を確かめるため、あらゆる角度から分析することである。一次史料であっても、紙が新しすぎる、花押《かおう》の形状がおかしい、文体あるいは使用されている言葉が当時のものではないなどを確認し、検証を行うのである。

二次史料の史料批判の場合は、先述のとおり①書かれている内容が一次史料の記述に合致しているか、②筆者はどういう人物なのか、③いつ頃成立したのか、④どのような過程で成立したのか、などが検証される。もちろん書誌学的な分野も含んでいる。

①については、書かれている内容が一次史料の記述に合致している箇所が多ければ多いほど、その二次史料の信憑性は高くなる。とはいっても、一〇〇%完璧な二次史料は、おそら

く存在しないだろう。
②については、作者がどのような立場の人であるかがわかると、史料にかかったバイアスが判明する。たとえば、家譜の類は自分の家を顕彰するために書いているので、子孫が筆者であれば、自ずと悪いことは書かないだろうと推測できる。
③については、成立年が早ければ早いほど、当該人物や事件の生々しい記録や記憶が残っているので、信憑性が高まる可能性が高い。しかし、②で示したように、筆者が何らかの意図をもって執筆したならば、必ずしも史料性を担保する条件とはならない。④についても同様で、②③の条件と大いに関わるといえる。

歴史修正主義者の手法

昨今では、本能寺の変に限らず、多種多様な歴史の本が刊行され、なかにはショッキングな新説が話題を呼ぶことがある。しかし、内容が過激で魅力に満ち溢れているほど、デタラメなことが多い。いくつか例を挙げておこう。
①まったく史料が読めない方が書いた本は、全然話にならない。多くはこのケースである。
歴史研究の裾野が広いと述べたが、史料が読めない人が書いた本は、おおむねほかの人

が書いた本を参照して、適当に自分の根拠のない意見や憶測を交えながら、驚くべき新説を唱えているだけである。

②史料を読んだふりをする人が書いた本も、同様に全然話にならない。①の例より少しマシだが、ほとんど史料を読めないにもかかわらず、勇ましく史料名や研究文献を挙げて、自説を担保しようとする人々である。また、史料に書いていないことを「書いている」と主張するのも問題である。

③史料を自分の都合の良いように解釈するか、誤読を積み重ねる人の本も、全然話にならない。こちらは多少は史料を読めるようだが、自説を有利にするために、都合の良いように史料を読む人の本も信用できないといえる。また、著しい誤読を積み重ねて、結論を導き出すのも同様である。

④自説を有利にするために史料（あるいは研究文献）の取捨選択をする人の本も、全然話にならない。自らが設定した結論に向かって、ひたすら史料を解釈することも論外である。意図的に史料や研究文献の取捨選択をするケースは、もはや研究とはかけ離れた存在である。

⑤著しい論理の飛躍を重ねる人の本も、全然話にならない。歴史研究は史料に書かれていることをベースにして論を展開するが、思い込みや想像を交えながら論理の飛躍で結論を導き出すのは、もはや歴史研究とは言えないだろう。

つまり、史料を読めないのは論外として、自分の都合の良い史料や研究文献に基づき、自分の都合の良いように史料解釈したり、誤読したりして、自説に有利になるように思い込みや想像で論理の飛躍を重ねた本は、歴史研究に限らずまったく話にならないということである。そういう場合、「結論ありき」で話を進めていることが大半である。

とはいいながら、人に間違いはつきものなので、意図的でない限りは、そんなに目くじらを立てる必要はないだろう。私も間違える。問題はわざと①から⑤のようなことをして新説を提起し、世間の注目を浴びたい人たちである。

本書のねらい

本能寺の変の研究の問題点は、おおむね右に挙げた人々の手法に拠るところが大きい。歴史研究の方法を知っている人（専門の歴史研究者など）はおかしいことに気づくが、そうでない人はわからない。しかし、普通の人でも冷静に考えてみると、変だと思うはずである。

たとえば「A君の亡くなったお父さんは強盗犯だったから、最近近所のコンビニで起こった強盗事件は、A君が犯人に違いない」という理屈も同じだろう。単なる憶測ではなく、きちんと捜査をしてから、犯人を確定させなければならない。何の根拠もないのに、勝手に犯人と決めつけてはいけないのである。

デタラメな説を唱える人の場合も同じで、拡大解釈や論理の飛躍が非常に多い。詳細は本書で詳述するが、断片的な史料の記述から、「きっと〜だったはずである」といった、根拠のない決めつけは当然のように行われている。

歴史を研究するならば、あくまで歴史学の方法を用いなくてはいけない。たとえば、サッカーの試合に出る際、ルールが気に入らないから「おれはラグビーのルールで試合に出る」なんて通用しないはずである。したがって、歴史学の方法を用いない本は、歴史研究ではなく、創作というべきものである。

本書はここまで述べた問題意識に基づき、良質な史料や先行研究に拠って、改めて本能寺の変の諸説を点検してみようという意図のもとに執筆した。その際、関係する史料を掲出することもあるが、読み下しや現代語訳を付けるなどして、できるだけわかりやすくなるよう心掛けた。

なお、研究というのは少しずつ塗り替えられ、進歩するものである。それは、すべての研究の宿命である。したがって、本書は個人批判や罵倒をして、おもしろがらせるものではない。あくまで、史料の読解や先行研究によって諸説の検証を行い、最新の研究成果を伝えることを目的とするものである。

【補記】

学術論文と一般書とでは、史料の掲出や出典、参考文献の記載法が若干異なる。学術論文は専門家向けに書かれるので、逐一、史料を掲出したり、その出典を明記したり、参考文献をきちんと明記しなくてはならない。

しかし、一般書は普通の人向けに書かれるので、学術論文のような体裁にすると、極めて煩雑で読みにくくなる。したがって、一般書については学術論文のルールに縛られず、史料を現代語訳したり、出典や参考文献の明示する方法を工夫しても差し支えないと考える。ただし、一切それらを明記しないのは、いささか問題があるだろう。

目次

第三章 朝廷黒幕説

日付の問題／「本法寺文書」の解釈／異なった意見／ほかの事例を探る／「美濃加茂市民ミュージアム所蔵文書」の解釈／藤田氏による読み下し文と現代語訳／美濃加茂市民ミュージアムの読み下し文と現代語訳／読み下し文の検討／現代語訳の相違点について①／現代語訳の相違点について②／現代語訳の相違点について③／史料をめぐる識者の評価／読み下し文と現代語訳の私見／史料解釈から義昭が黒幕とは読み取れず

信長と朝廷との関係／信長の朝廷対策／副将軍のこと／改元問題をめぐって／なぜ改元をしなかったのか／元亀から天正への改元／正親町天皇の譲位について／譲位できなかった天皇／実は喜んだ正親町天皇／信長が得た官途／官途にこだわらない信長／信長は何を考えていたのか／馬揃えとは何か／禁裏で挙行した馬揃え／馬揃えと左大臣への推任の評価／三職推任問題をめぐって／信長はどの官職を望んだのか／

カギを握る『天正十年夏記』／暦問題について／問題を蒸し返した信長／最近の研究による見解／それでも朝廷は黒幕だったのか／成り立たない「朝廷黒幕説」

第四章 四国政策説

信長による四国政策の変更／『元親記』という史料／その他の記述／四国の政治情勢を探る史料／長宗我部氏の四国統一と信長／元親と大津御所体制とは／大津御所体制の検討／複雑な人間関係／存保の阿波渡海／元親の書状／香宗我部親泰への書状／「四国切り取り」の自由への疑問／信長の真意とは／元親は信長と断交したのか／経緯の確認／元親が毛利氏と連携した理由／その後の研究の進展／四国出兵の異議／信長の朱印状／阿波への侵攻／信孝の制札／信長の四国プラン／信長の空手形／養子となった秀次／信長の意図とは／軍令書の内容／四国政策を考える

第五章

その他の諸説

光秀はノイローゼだったのか／信長の神格化／信長非道阻止説／そのほかの論拠／イエズス会黒幕説／大友宗麟の存在／イエズス会の協力者／イエズス会からの資金援助／イエズス会の軍事力／根拠がないイエズス会黒幕説／本願寺黒幕説／丹羽長秀による教如への攻撃／史料の誤読／「善徳寺文書」などの解釈／制度防衛説／本能寺の変と室町幕府の終期／明智憲三郎氏の説／光秀は土岐氏の流れを汲むのか／『愛宕百韻』の解釈／信康事件を家康は恨んでいたのか／自主的に殺害した家康／家康は利用価値がなかったのか／信長と家康の関係／信長の「唐入り」／論証方法など

序章

本能寺の変の流れと史料

光秀の決起

本章では、本能寺の変の諸説を検討する前段階として、その経緯を簡略に述べることにしたい。すでに概要をご存じの方は、軽く読み飛ばしていただいても構わない。

天正十年（一五八二）六月一日、丹波《たんば》亀山城（京都府亀岡市）に居た明智光秀は、羽柴（豊臣）秀吉の援軍のため備中高松城（岡山市北区）に赴く予定だった。ところが突然、主君の織田信長に対して謀反《むほん》を起こす決意をした（以下『信長公記』）。光秀は、重臣の明智秀満《ひでみつ》、斎藤利三《としみつ》、明智次右衛門、藤田伝五《でんご》、三沢（溝尾）秀次《ひでつぐ》に謀反の決意を打ち明けて相談した。

その真意とは何か。

光秀が言うには、まず信長を討ち果たし、「天下の主」となるべく調儀（計画）をしっかり行うことだった。「天下の主」の「天下」とは日本全国ではなく、京都を中心とした畿内《きない》を指すことになろう。近年の研究では、当時の「天下」は「全国」ではなく、天皇や将軍の支配領域だった京都を中心とした畿内を意味していたと指摘されている。

謀反の具体的な計画とは、中国方面へ行く途中の三草山（兵庫県加東市）を越えるところで引き返し、東に進路を向けて老《おい》の坂（京都市右京区）をたどるコースだった。そこで、山崎（京都府大山崎町）から出征することを諸卒に伝え、明智秀満ら五人が先手となるというものである。もちろん、早々に本能寺（京都市中京区）襲撃をこの時点で計画を公表しなかったのは、トップシークレットだからである。明智秀満ら五人を先頭に立てた理由は、あらかじめ進路変更をしやすくしようとしたためと考えられる。

光秀が率いる軍勢は、一万余だったといわれている。同年六月一日夜、老の坂に差し掛かると、右へは山崎へ続く摂津《せっつ》街道、左へは京都に至る道が伸びている地点にたどり着いた。光秀の軍勢は、計画通りに左の道に進路を取ると、桂川《かつらがわ》を越えて京都への道を進んでいった。この頃には、翌六月二日の明け方になっていたという。

この進路変更は本能寺の信長のもとへと向かっているとともに、大きな歴史の岐路でもあったのである。

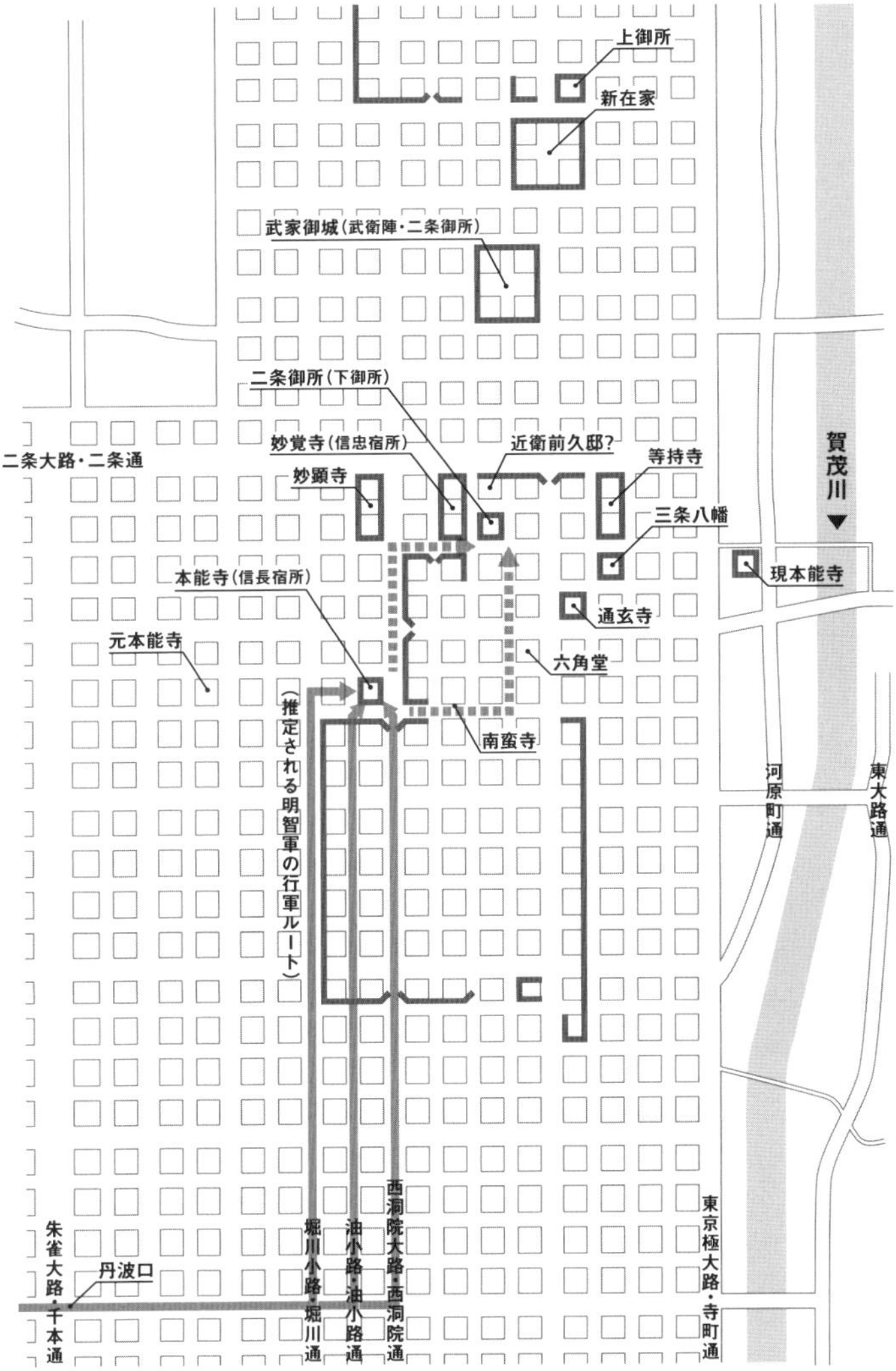

［本能寺周辺位置関係図］
K'sBookshelf 制作（http://ksbookshelf.com/HJ/HonnoujiMap.htm）を参照して作成。

本能寺の襲撃

六月二日、光秀の軍勢は本能寺に到着すると、迷うことなく攻撃を開始した。彼らは鬨《とき》の声をあげ、本能寺に鉄砲を撃ち込んだ。当初、あまりの外の喧噪《けんそう》ぶりに、信長も小姓《こしょう》衆も下々の者たちの喧嘩と考えたが、やがてそれが間違いであることを知る。ようやく信長は何者かが攻め込んできていることに気づき、森蘭丸《らんまる》に子細を尋ねた（『信長公記』）。

信長が「いかなる者の企てか？」と蘭丸に尋ねると、「明智の者と思われます」と答えたという。信長は蘭丸の答えに対して、「是非《ぜひ》に及ばず」とつぶやいた。信長の有名な言葉の一つである。

信長の「是非に及ばず」という言葉は、これまで一種の諦めの境地を示す「仕方がない」あるいは「光秀ほどの武将が起こした謀反なので、脱出は不可能だ」などと解釈されてきた。「是非に及ばず」の辞書的な意味は「あれこれ議論する必要はない、もはやそういう段階ではない」「どうしようもない、止むを得ない」などである。信長は光秀を信頼していたであろうから、無念の気持ちなども込められていたに違いない。

本能寺　表門

明智軍に応戦した信長

信長は自ら武器を取って戦ったが、明智の軍勢とは圧倒的な兵力差があった。本能寺に入った際、光秀の襲撃をまったく予想していなかった信長は、ごく少数の手勢しか引き連れていなかったからだ。襲撃からそれほど時間もたたないうちに、信長方の形勢は不利に傾いた。信長の小姓衆は、主人を守るため懸命に戦った。信長自身も弓を手に取って、矢を二、三度放ったといわれている。

しばらく信長は矢を放っていたが、弓の弦《つる》が切れてしまったので、今度は槍を手に取って応戦した。やがて信長は敵の槍で肘を突かれて負傷したので引き下がり、女中たちに本能寺から退去するよう命じた。そして、信長は殿中の奥深くに入り、内側から納戸を閉じると、自害して果てたのである（『信長公記』）。享年四十九。その後、本能寺は紅蓮《ぐれん》の炎に包まれた。

光秀軍は信長を討ち果たすと、嫡男・信忠が宿所にしていた妙覚寺（京都市上京区）を襲撃しようとしたが、移動に少しばかり手間取った。その間、信忠は、本能寺前に邸宅を構えていた村井貞勝《さだかつ》の子（貞成《さだなり》・清次）から本能寺が襲撃されたこと、明智軍がすぐに攻めて来るであろうとの報告を受けた。信忠は、報告後すぐに安土城（滋賀県近江八幡市）へ脱出すれば助かった可能性が高いが、もはや不可能だった。覚悟を決めた信忠は、逃亡中に雑兵に討たれるならば、ここで切腹したほうが良いと決意したのである（『信長公記』）。

結局、信忠は村井貞勝の勧めによって、より堅牢な二条御所（京都市上京区）へ移った。二条御所は誠仁《さねひと》親王の邸宅だったが、難を避けるために誠仁を非難させ、二条御所を舞台にして戦いが繰り広げられた。光秀軍は一万余の大軍だったが、信忠軍はわずか数百の兵力で満足に武器もなかった。信忠も自ら武器を手にして果敢に応戦したが、最後は鎌田新介に介《かい》錯《しゃく》を務めさせ、無念のうちに切腹に及んだ。（『信長公記』）。

六月二日の午前六時頃に開始した本能寺の変は、おおむね九時頃に終結した。わずか三時間余の戦いで、光秀は信長を討つという本懐を遂げたのである。

徹底した落人狩り

光秀は信長を討つという本懐を成し遂げたが、その後の対策が必要だった。信長の家臣は地方に散って戦っていたが、すぐに光秀を討つべく上洛してくる可能性があったからである。とはいえ、光秀には信長没後の政権構想や政策があったとはとても考えられない。それは、光秀の行動から明白なので、その後の状況を見ることにしよう。

変後、光秀が最初に取り組んだのは、信長と信忠の遺体を確認すること、そして信長方の兵卒の探索だった（落人狩《おちうどが》り）。光秀の気持ちとしては、信長と信忠が脱出した可能性も否定できないので、遺体を発見するまでは安心できなかったに違いない。ところが、最終的に信長と信忠の遺体は、発見できなかった。

信長と信忠の遺体の探索だけでなく、信長方の落人探索もかなり丹念に行われた（『言経《ときつね》卿記《きょうき》』など）。徹底した落人狩りは、信長方の武将に強烈なプレッシャーを与えたに違いない。本能寺の変で信長が横死したので、洛中の人々は不安と動揺を隠し切れなかったが、光秀は落人の探索に力を入れ続けた。

やがて、不安になった本能寺や二条御所付近の都市民は、大挙して御所に押し寄せた（『天正十年夏記』）。彼ら避難民は御所内は安全であると考えて一時的に避難し、御所内に小屋を作ったのである。避難民が御所内に逃げ込むことは、応仁・文明の乱以来、戦乱で揺れた京都では珍しいことではなかった。

光秀は信長軍への対策を施すと、いったん居城のある坂本（滋賀県大津市）へと帰城し、摂津方面の状況を警戒し、三沢秀次を勝龍寺城《しょうりゅうじじょう》（京都府長岡京市）に遣わした。信長の家臣たちが上洛してくる前に光秀が行うべきことは、①信長に代わる権力者として京都支配を円滑に進めること、②味方となる勢力を募って信長の重臣への臨戦態勢を整えること、の二つに集約されよう。

次に、各地で戦う信長の重臣の状況を取り上げておこう。

各地の武将の状況

信長配下の重臣らは、本能寺の変が勃発した時点で各地に散って戦っていた。北陸方面では、柴田勝家を筆頭にして、佐々成政《さっさなりまさ》、前田利家、佐久間盛政《もりまさ》が加賀、能登、越中の平定に出陣しており、六月三日に越中・魚津城《うおづ》（富山県魚津市）を落としていた。関東では、滝川一益《かずます》が上野・厩橋《うまやばし》（群馬県前橋市）を中心に統治を行うなど、以上の面々は京都から遠距離にいたことが判明する。

京都から近い地域では、五月二十九日の時点で、織田信孝以下、丹羽長秀、蜂屋頼隆《はちやよりたか》、津田信澄《つだのぶずみ》が摂津・住吉（大阪市住吉区）およびその周辺で待機しており、六月三日に四国に渡海して長宗我部氏と戦う予定だった。そして、摂津の中川清秀《なかがわきよひで》、高山重友《たかやましげとも》（右近）らは、中国方面に出陣すべく準備していた。羽柴（豊臣）秀吉は清水宗治が籠る備中高松城（岡山市北区）を水攻めにしており、毛利氏との和睦交渉を進めていた。

徳川家康は堺（大阪府堺市）で茶の湯三昧だったが、信長が本能寺で自害したことを知ると、すぐさま三河に向けて逃亡した。一説によると、家康は切腹を覚悟したと言われているが、結局は家臣らに宥《なだ》められ、伊賀を越えて本国の三河へと帰還を果したのである。これが「神君《しんくん》伊賀越え」といわれるものである。二次史料では逃避行のルートが複数知られているが、一次史料では確認できない。

光秀は各地の諸将に書状を送り、味方になるよう交渉を行った。同年六月二日には、美濃の西尾光教《にしおみつのり》に書状を送り、味方になるように依頼している（『武家事紀《ぶけじき》』）。書状の冒頭には、「父子悪逆天下之妨討果候」とあり、父子とは信長・信忠親子を示す。しかし、露骨に信長・信忠親子を罵っているのは不審な点である。「悪逆」は当時の史料に見られるが、「天下之妨」という表現には疑問がないわけではない。『武家事紀』の史料性と相俟《あいま》って偽文書であるか否か検討すべきだろう。

各地に届いた光秀の味方を募る書状は、かなりの数があったに違いないが、実際はのちに廃棄された可能性が高い。というのも、諸大名は光秀の書状を所持し続けることによって、何らかの不利益が生じることを懸念したと考えられるからだ。所領安堵状《しょりょうあんどじょう》は土地を所有する根拠となるので廃棄しないが、光秀の書状は逆の意味があったので処分したのである。

同じ頃、信長の死の影響で、安土城は大混乱だった。信長配下の蒲生賢秀《がもうかたひで》は、織田家の者たちを居城の日野城（滋賀県日野市）へ引き連れて避難した。光秀はその直後に安土城に入城すると、将兵たちに城内の金銀を惜しみなく与えたという。その後、光秀に従った近江《おうみ》の国衆たちは、次々に長浜城（滋賀県長浜市）など近江の諸城に攻め込んだ。光秀は、あっという間に近江を掌中に収めたのである。

光秀に従った人、従わなかった人

変後、光秀に味方したのは、旧近江半国守護の京極高次《きょうごくたかつぐ》と旧若狭守護の武田元明《たけだもとあき》らだった。二人は名門守護家の出身だったが、すでに没落して往時の勢いはなかった。ともに復権することを目的とし、光秀に与したのだろうが、戦力としてはほとんど期待できなかっただろう。ほかの有力な諸大名は、光秀にどう対応したのか。

光秀が味方にと期待していたのは、昵懇《じっこん》だった大和《やまと》の筒井順慶《つついじゅんけい》である。六月四日、順慶は光秀のために京都へ援軍を送り込んだが、その態度は、明確ではなかった。その後、順慶は光秀への援軍を呼び戻したり、派遣したりしていたが、最後は大和の国衆《くにしゅう》から血判の起請文《きしょうもん》を取り、羽柴（豊臣）秀吉に誓書を送った（『多聞院《たもんいん》日記』）。順慶は、信長に任されて大和の国衆を束ねていた。信長の死後、いずれに味方するかは国衆の意向が尊重された。その結果、国衆の意向は秀吉に与することだったので、順慶は光秀の申し出を拒否したということになろう（片山：二〇一八）。

光秀には細川（長岡）藤孝《ふじたか》（のちの玄旨《げんし》、幽斎《ゆうさい》）という、もっとも信頼できる人物がいた。光秀の娘・お玉（細川ガラシャ）は藤孝の嫡男・忠興《ただおき》と結婚していたので、光秀は必ず藤孝・忠興父子が味方になると思ったに違いない。しかし、藤孝は光秀の要請を即座に断ると、父子ともに頭を丸めて信長に弔意を示した。藤孝は、光秀に味方すると不利になると予想し、要請を拒否したのである。

もっとも光秀があてにしていた武将たちは、ほぼ全員が味方になることを拒絶した。摂津の中川清秀、高山重友（右近）も頼りにしていたようだが、味方になることは拒否された。ほかの大名たちの対応については史料が乏しいが、容易に想像できよう。光秀は多くの味方を集められなかったので、たちまち苦しい立場に追い込まれた。

光秀の焦り

光秀は想定外の出来事に、右往左往し続けていた。しばらく光秀は、安土城に滞在していた。六月七日、朝廷は吉田兼和《かねかず》（兼見《かねみ》）を勅使《ちょくし》として、光秀のもとに派遣した。勅使を務めた吉田兼見（この当時は兼和。以下、兼見で統一）は、光秀と親しい関係だった。光秀への要件は、京都が未だに本能寺の変で混乱しているので、鎮圧を求めることだった（『兼見卿《かねみきょう》記《き》』）。光秀は早々に上洛すると、正親町《おおぎまち》天皇と誠仁親王と会談した。

六月九日、再び光秀が京都に行くと、摂関家など公家衆から出迎えられた。光秀は兼見の邸宅に入ると、天皇・皇太子へ銀子《ぎんす》五百枚を献上した。光秀が天皇や皇太子に献金をしたのは、これから京都を支配する責任者としての意識の表れだろう。同時に光秀は、大徳寺や京都五山、そして兼見にも銀子を献上した。京都を押さえるには、天皇や公家、寺社との良好な関係が必要だった。

天皇は、光秀をどう感じていたのだろうか。同月九日夜、兼見は皇太子に銀子五百枚を携えて持参すると、兼見は皇太子からの礼状を預かって光秀に渡した。その意味は、先にも述べたように、すぐに京都の治安回復を行ってほしいという内容だった（『兼見卿記』など）。光秀が本能寺の変で信長を討ったため、京都市中の混乱は止まなかった。信長の横死《おうし》後、光秀は必然的に京都の治安維持に努めなくてはならなかった。朝廷は不本意であったかもしれないが、頼りになるのは光秀だけだったのである。

変後、光秀に具体的な政権構想があったのか明確ではない。ただ直近のことについては、おおむね推測できる。第一に、できるだけ味方を集め、反光秀派にどう対処するのかということである。次に、天皇と良好な関係を築きながら、拠点の丹波と近江を維持しつつ、京都および畿内をいかに統治するかにあっただろう。後者こそが謀反の理由でもあり、それを叶えることが目的なので、摂政・関白の地位に就くとか、将軍になるとかなどは、少なくとも考えなかっただろう。

一方、各地に出陣した信長配下の諸将たちは、戦況や周辺の情勢に左右され、簡単に上洛することができなかった。また問題だったのは、信長死後の政治情勢についての情報（特に諸将の動向）が不足しており、適切な判断を行うことが困難だったことである。変後に残された史料によると、誤った情報が飛び交っており、正確な情報を得ることが難しかったようである。

複雑な政治状況下で、羽柴（豊臣）秀吉は的確な判断を下した。秀吉は備中高松城で交戦中だったが、即座に和睦を結ぶと、光秀を討伐すべく即座に上洛の途についた（「中国大返し」）。以下、簡単に経過を確認しておこう。

毛利氏と和睦を結んだ秀吉

六月三日夜、秀吉は前日（二日）に信長が本能寺で光秀の攻撃を受け、自害したという内容の書状を受け取った。秀吉は光秀打倒を決意し、即座に毛利氏との和睦交渉をはじめる。和睦交渉が長期化すると、光秀に態勢を整える時間を与えてしまうが、情勢は秀吉に有利だった。毛利氏は城将の清水宗治《むねはる》を救うことが難しいと判断し、秀吉との和平締結に傾きつつあったのである。

毛利氏側で秀吉方と交渉を行ったのは、使僧・安国寺恵瓊《あんこくじえけい》である。三日深夜から四日にかけての時間帯だったと推測されるが、このとき毛利氏側は信長の死を知らなかった。秀吉が提示した和睦の条件は、もともと毛利氏に割譲《かつじょう》を望んだ備中・備後・美作《みまさか》・伯耆《ほうき》・出雲《いずも》を変更し、備中・美作・伯耆を要求する譲歩案に加えて、城将の宗治を切腹させるという条件だった。

恵瓊は和睦案を提示されると、宗治に切腹するよう説得して受け入れさせた。和睦交渉は順調に進んだが、領土割譲問題だけは棚上げとなり、光秀の討伐後も交渉が続いた。和睦が決定すると、秀吉は城中にいた宗治に最後の酒と肴を贈った。秀吉は備中高松城に小舟を送り、宗治とその家臣を本陣に招き入れ、ともに杯を酌み交わしたという。宗治は舞を舞った後、辞世の句を詠んで自害したのである。

四日の午前十時頃、秀吉は上洛に向けて準備を整えると、備中高松城に腹心の杉原家次を城代として置き、京都に向けて出陣した。秀吉の取った経路は、野殿《のどの》（岡山市北区）を経て、宇喜多《うきた》氏の居城である沼城《ぬまじょう》（岡山市北区）へ向かう経路だった（約二十二キロメートル）。ところで、従来の中国大返しの逸話は誤っている。

中国大返しの再検討

従来の中国大返しの行程は、一次史料と二次史料との間に大きな相違が見られる。二次史料の記述は省略するが、それぞれ少なからず日にちの誤差がある。

備中高松城から姫路城に至る秀吉の行軍の実態は、あまりにも早すぎるスピードで移動したという謎がある。秀吉の中国大返しのもととなる史料としては、天正十年（一五八二）十月十八日羽柴秀吉書状写（「滋賀県立安土城考古博物館所蔵文書」）があり、「六月七日に二十七里（約八十一キロメートル）のところを一昼夜かけて、（備中高松城から）播磨の姫路まで行軍した」と書かれている。

この史料は写《うつし》であるが、秀吉が書いた一次史料（書状）である。書かれたのも本能寺の変からわずか四ヵ月しか経っておらず、たった一昼夜で八十一キロメートルを進軍したというのは、事実と考えられている。ところが、この史料は秀吉が自らの軍功をかなり誇張しており、誇張した箇所についてはとても信頼できない。ごく常識的に考えても、秀吉の軍勢は直前まで籠城戦に対処して疲労困憊《こんぱい》状態であり、現代のマラソンランナーのように八十一キロメートルをわずか一昼夜で行軍するのは、極めて困難だったはずである。

実際の行軍

以下、一次史料に基づき、中国大返しの行程を確認しよう。「梅林寺文書」(秀吉から中川清秀宛)によると、秀吉は六月五日に備中高松城から野殿まで退却し(約八キロメートル)、沼城に向かった。四日午前に清水宗治が切腹したのち、当日の昼過ぎには備中高松城を出発したと考えられる。

この書状では清秀に対し、信長・信忠父子が近江国へ逃れて無事であると、偽の情報を流している。信長が死んだという情報は広がっていたはずだが、秀吉が光秀を討つには多くの味方が必要だった。そこで、秀吉は信長生存説を流し、清秀を味方にしようとしたと考えられる。野殿から沼城までは直線距離で約十四キロメートルなので、遅くとも五日の夕方には到着したと推測される。秀吉の軍勢は四日の夜に野殿を過ぎたところで野営を行い、五日中に沼城に到着したのではないだろうか。

秀吉が沼城を出発したのは五日の夕方頃と考えられ、六日に秀吉軍が姫路に到着したのは確実である（『松井家譜所収文書』）。沼城から姫路城（兵庫県姫路市）までは、直線距離にして約五十五キロメートルだった。五日の深夜に沼城で休息をとり、六日の早朝には行軍を再開したのだろう。当時の道は細かったので、馬に乗った軍勢は秀吉を先頭として先を急ぎ、残りの徒歩の軍勢は縦長に行軍したに違いない。全軍が一度に姫路に到着したと考える必要はなく、秀吉を中心とする軍勢だけが先に姫路に到着したとするのが合理的であろう。

秀吉は五日の夕方から夜にかけて沼城を出発し、六日の夕方から夜には姫路に到着したと考えられる。秀吉は九日まで姫路城に滞在し、同日には毛利方の淡路国洲本城（兵庫県洲本市）の菅平右衛門《かんへいえもん》を討伐し、後続の部隊は次々と姫路入りした。以上が一次史料に基づく、備中高松城から姫路に至るまでの「中国大返し」の行程である。

姫路城を出発する

六月九日の朝、秀吉軍は姫路城を出発した（「荻野由之氏所蔵文書」など）。姫路城滞在が長期になったのは、毛利氏への警戒と今後の対策を睨んでの情報収集にあったと考えられる。

その日の夜のうちに、秀吉軍は明石《あかし》（兵庫県明石市）に到着した。六月十日付の秀吉の書状によると、光秀が京都の久我（京都市伏見区）付近に着陣したと書かれている（「中川家文書」）。秀吉はこの情報を受け、摂津国と播磨国の境目に位置する岩屋（神戸市垂水区）に砦を普請《ふしん》した。秀吉は光秀が摂津国もしくは河内国に移動するとの情報を得ており、あらかじめ対策を施したのだろう。

先述した六月十日付の秀吉の書状には、十一日に兵庫（神戸市兵庫区）または西宮（兵庫県西宮市）辺りまで行軍すると書かれている。六月十日の時点で光秀がいたのは下鳥羽（京都市伏見区）で、山崎（京都府大山崎町）周辺にも兵を置いていた。秀吉は播磨国と摂津国の国境付近で、光秀と交戦するつもりだったのではないだろうか。秀吉は十日の朝に明石を出発すると、同日の夕方には兵庫まで進んでいた。

六月十日の夜に秀吉が兵庫に着くと、翌十一日の朝には尼崎（兵庫県尼崎市）にまで至っていた（「滋賀県立安土城考古博物館所蔵文書」など）。十日の夜は兵庫で十分に休息をとり、翌十一日の朝に出発したと推測される。尼崎に到着したのは、当日の夕方と考えてよいだろう。

大山崎での戦いに備える

本能寺の変の翌日、早くも大山崎（京都府大山崎町）は光秀から禁制《きんぜい》を獲得していた（「離宮八幡宮文書」）。禁制とは、大名などの権力者が禁止事項を公示した文書のことである。禁制は、冒頭に「禁制」と記し、その下に禁制の及ぶ範囲（所付《ところづけ》）を書く。次に、禁止する内容（大山崎のケースは乱妨狼藉など）を箇条書きし、最後に違反者への処罰文言で結び、発給者（奉書の場合は奉者）が署判した。禁制の交付に際しては、見返りに礼銭を支払うケースが多かった。

大山崎は光秀が率いる軍勢の乱妨狼藉を恐れたが、秀吉の上洛が伝わると混乱する。一方で、大山崎は信長の子・信孝からも禁制を獲得し、両勢力による乱妨狼藉を逃れようと考えた（「離宮八幡宮文書」）。光秀軍と秀吉軍は交戦が間近だったが、大山崎はどちらが有利なのか判断できず、苦渋の決断だったといえる。

六月十二日、秀吉は光秀との戦いを控え、尼崎を出発して摂津富田（大阪府高槻市）に陣を置いた（「金井文書」など）。ここまでの功績は秀吉にあるが、あえて摂津富田で信孝との合流を待ち、信孝を総大将として迎えたのである。やはり、光秀と戦うには、織田家の人物を擁立しなくてはならなかった。

摂津富田に集結した理由は何だったのだろうか。富田付近は小高い丘で、近くを淀川が流れるなど水運が発達し、交通が至便の地だった。秀吉に味方した高山右近と中川清秀の居城の高槻《たかつき》城（大阪府高槻市）や茨木《いばらき》城（大阪府茨木市）とも近く、摂津富田から大山崎までは約十キロメートルと近く、山城との国境に接しており、秀吉は絶好の場所と考えた。

前日の軍議で、秀吉は高山右近を先陣に決めており、すぐに大山崎へ陣を取るように命令した。ただし、大山崎には禁制が発布されており、軍事行動は困難だった。右近は大山崎の西国街道筋の公道に沿って行軍し、混乱を避けたという。

光秀の敗北

秀吉が摂津富田に着陣すると、勝竜寺城（京都府長岡京市）付近ではすでに鉄砲を打ち合っており、前哨戦が始まっていた。もともと勝竜寺城は、細川藤孝の居城だった。藤孝が丹後国に移ると、代わりに村井貞勝の与力《よりき》が守っていた。本能寺の変後、光秀は勝竜寺城を奪取し、自らの拠点にしていたのである。

秀吉軍の軍事行動を見る限り、すでに遊軍的なものが存在し、背後から光秀を攻撃しようとした様相が読み取れる。十二日夜、摂津富田で一夜を過ごした秀吉軍は、十三日の朝に出発して山崎へ向かった。到着したのは、十三日の昼頃だった。信孝は秀吉軍と山崎で合流し、自らの号令により筒井順慶が出陣し、光秀との交戦に至ったのである。

夜になると、光秀軍が秀吉軍を攻撃してきたため、秀吉軍はただちに反撃した。戦いは摂津衆の高山右近、中川清秀、池田恒興《つねおき》らの活躍もあり、秀吉に有利に進んでいった。秀吉軍が光秀軍にすぐさま勝利をしたことは、当時の記録に「(光秀軍が)即時に敗北」(『兼見卿記』)とあるので、秀吉軍の圧倒的な勝利だったといえるだろう。

敗北した光秀軍は勝竜寺城へ逃げ帰ったが、そこも安住の地ではなく逃亡せざるを得なかった。敗北した光秀軍の一部の兵卒が京都に流入したため、それが原因で京都市中は混乱に陥った。大敗北を喫した光秀は、居城がある近江国坂本城に逃亡し、態勢を立て直そうとしたといわれている。

十四日、光秀ら落武者の一行は、小栗栖《おぐるす》(京都市伏見区)へと差し掛かると、土民らによる落武者狩りに遭った。当時、土民たちが落武者の所持品や首級《しゅきゅう》を狙うのは、慣行となっていた。土民が落武者の首級を持参すると、恩賞を与えられたからである。結局、光秀ら一向は小栗栖の竹藪で落武者狩りに遭い、非業の死を遂げた。光秀らの首は京都粟田口《あわたぐち》(京都市左京区)に晒された。やがて、多くの見物人が集まったこともあり、結果的に衆人の面前で辱めを受けることになった(『兼見卿記』など)。

以上が本能寺の変の経緯である。この戦いを契機として、秀吉が天下人に上り詰めたのは、周知のとおりである。

本能寺の変の一次史料――公家・朝廷の日記

本能寺の変の前後を記す一次史料は、数多いといえる。次章以降でもさまざまな史料を取り上げるが、ここではその主要なものを取り上げ、史料の性格を説明しておきたい（カッコ内には刊本の情報を記した）。

明智光秀と親しくしていた吉田神社の神主・吉田兼見の日記『兼見卿記』（史料纂集 古記録編、八木書店）は、本能寺の変前後の事情をよく伝えており、貴重な史料といえる。自筆本の一部は京都の豊国《とよくに》神社などに伝わるが、大半が焼失した。なお、兼見は細川藤孝（幽斎）の従兄弟でもあった。

もともとの『兼見卿記』の「別本」は、天正十年（一五八二）六月十二日で終了している。もう一つの「正本」は、のちに書き直したものである。改めて「正本」を書き直した理由については、これまで兼見が光秀との関与が露見することを恐れたからであるとされてきた。しかし、現在では「別本」の紙数が尽きたので、単に「正本」に書き直したに過ぎないと指摘されている（金子：二〇一一）。

本能寺の変についての記述としては、変当日の早朝に光秀の軍勢が信長の滞在する本能寺を急襲し、自害に追い込んだと書かれている。また戦いののち、本能寺は放火されたとも記されている。記事には「惟任日向守《これとうひゅうがのかみ》（光秀）謀反を企て」とあるので、明秀の行動に対する兼見の認識は謀反だったことが判明する。

ほかにも、二条御所で信忠（信長の嫡男）が戦いの末に自害したこと、京都奉行の村井貞勝らが討ち死にしたこと、誠仁親王が正親町《おおぎまち》天皇の御所に避難したことなどが記されている。変後、光秀は大津に下向し、山岡景隆《かげたか》の館を放火したという。京都の混乱ぶりが詳細に描かれており、その記述内容は誠に興味深い。

＊

『言経卿記《ときつねきょうき》』（大日本古記録、岩波書店）は公家・山科言経《やましなときつね》の日記である。天正年間の記事の欠落部分があるものの、畿内の政治情勢や公武関係の記事は豊富であり、信長関係の記事も収録されている。

本能寺の変直後の信長、信忠、誠仁親王の動静については、『兼見卿記』と内容はほぼ同じである。やはり記事には「明智日向守（光秀）謀反により（本能寺へ）押し寄せ」と書かれている。言経は光秀の謀反について、「言語道断の為体《ていたらく》（とんでもないことだ）」と感想を書き記し、京都市中が大混乱していると述べている。

『言経卿記』には山崎の戦い後、光秀が醍醐《だいご》（京都市伏見区）に潜んでいたところ、郷人の一揆に討たれたと記しているが、光秀が討ち取られた場所については諸説ある。

＊

権中納言で武家伝奏を勤め、信長と親交があった勧修寺《かじゅうじ》晴豊《はれとよ》の日記『晴豊公記』（続史料大成、臨川書店）、『日々記』（『晴豊公記』の一部）も重要である。信長・秀吉との交渉過程が詳しく記されており、本能寺の変前後の記事も多い。なお、晴豊の妹・晴子は、誠仁親王の妃であった。

『日々記』のうち天正十年四月～六月の部分は『天正十年夏記』と称され、本能寺の変の前後の事情や信長の「三職（太政大臣、関白、征夷大将軍）推任」の関係記事を載せている。全文は立花京子氏の『信長権力と朝廷　第二版』（岩田書院）に、関係部分が『証言　本能寺の変』（藤田達生、八木書店）などに翻刻されている。

本能寺の変の記述については、晴豊が家司《けいし》の袖岡景久から、本能寺の変の凶報を知らされたことが書かれている。晴豊は妹の晴子とその夫・誠仁親王の身を心配したのか、二条御所にいた一家や公家たちのことを詳しく記している。変の当日の夕方、晴豊が二条御所を訪れたところ、死者の数がおびただしかったという。

＊

信長と朝廷関係を知るには、『御湯殿上日記《おゆどののうえのにっき》』（『続群書類従《ぞくぐんしょるいじゅう》』補遺、続群書類従完成会）が詳しい。この史料は、天皇の女官たちが御湯殿上に置いてあった日記帳に交代で記したものである。儀式や官位任官などの朝廷関係の記事を豊富に含んでいる。信長に関する記事も比較的多いが、肝心の天正十年の部分は欠けている。

本能寺の変の一次史料――僧侶などの日記

次に、僧侶などの日記を取り上げておこう。

重要な日記としては、奈良興福寺の多聞院主《たもんいんしゅ》が代々書き継いだ日記『多聞院日記』（続史料大成、臨川書店）があり、本能寺の変のときは多聞院英俊が記録していた。畿内の政治情勢にも詳しく、当該期の貴重な史料の一つである。ただし、奈良という京都から少し離れた地で記録されているので情報伝達に難があり、若干信頼性で劣る面が見受けられる。

たとえば本能寺の変当日の記録としては、光秀と織田信澄（信長の甥）が謀反を起こし、信長・信忠父子を自害に追い込んだと記している。しかし、信澄は光秀に与同《よどう》していないので、この記事は誤りである。英俊自身も信澄の謀反への参加については、あとで「コレハウソ（これは嘘）」と本文に注記している。

また、信忠が誠仁親王を人質として二条御所に逃れ、信忠も誠仁も自害したと記しているが、この記事も誤りで、誠仁は自害していない。英俊もこの件については、のちに「ウソ（嘘）」と本文に注記をしている。「ウソ（嘘）」などと注記しているのは、後世に伝わることを懸念した、英俊の生真面目さによるものと考えられる。

「細川殿モ生害《しょうがい》（藤孝または忠興が自害した）」という記事も誤りであるが、特に訂正する注記はなされていない。さまざまなルートから英俊に情報がもたらされたと考えられるが、非常に混乱していた様子がうかがえる。

興味深いのは、英俊の本能寺の変についての感想である。たとえば「盛者必衰の金言、驚くべかざること也」とあるが、これはいかに権力者の信長といえども、滅亡という運命から逃れられないという無常観を示している。「世上無情」という言葉も、同義ととらえてよいであろう。

興福寺には、蓮成院《れんじょういん》に伝わった別会五師《べちえごし》（興福寺衆徒団の執行機関）の記録『蓮成院記録《れんじょういんきろく》』（続史料大成、臨川書店）が残っており、こちらも本能寺の変の情報を載せている。記述は、おおむね正確である。当該期の執筆は、寛尊《かんそん》である。寛尊は本能寺の変の経緯を詳しく記したうえで、本能寺の変後の事態を憂慮し、神に祈願したと書いている。信長という権力者が横死し、混乱がいつまで続くのか予測すらできなかったので、もはや神慮にすがるしかなかったのである。

＊

ほかには、本願寺顕如《けんにょ》の右筆《ゆうひつ》・宇野主水《もんど》の日記『鷺森《さぎのもり》日記（宇野主水日記）』（『石山本願寺日記　下巻』清文堂出版）がある。内容は、天正八年四月に顕如が紀伊国鷺森（和歌山市）に移ってから、天正十一年六月頃までの出来事が記録されている。ところが、鷺森が京都から離れていることや、何日分かまとめて記述されていることもあるので、記事には注意を要する。

同書には信長に敗れた顕如の大坂本願寺退去後の記事に加え、本能寺の変前後の興味深い記録も記載されている。本能寺の変の凶報は、翌六月三日の午前八時頃に堺からもたらされた。猪子《いのこ》高就《たかなり》は二条御所で戦い、討ち死にしたとあるが（『信長公記』）、『鷺森日記』では高就が京都で追腹を切ったと書かれており、少し内容に相違がある。

比較的良質な二次史料――『信長公記』

ここでは、比較的良質な二次史料を取り上げることにしよう（以下、金子：二〇一二）。織田信長に関する一次史料は、かなりの量が残っている。一方で二次史料も多いが、その生涯を知るうえで欠かすことができない二次史料として、信長に仕えた側近・太田牛一《ぎゅういち》の著書『信長公記』がある。では、そもそも太田牛一とはいかなる人物なのか。

牛一が尾張国で誕生したのは、大永七年（一五二七）のことである。青年期から信長に足軽として仕え、「弓三張之人数」に加えられるほどの弓の腕前だった。当時から文才に長けており、信長に関する記録を残していたのだろう。記憶力も抜群だったといわれている。天正十年（一五八二）六月に信長が本能寺の変で横死すると、その後は羽柴（豊臣）秀吉のもとで、蔵入地代官、検地奉行などを歴任した。ほかにも著作は多数ある。

慶長三年（一五九八）八月に秀吉が亡くなると、牛一は引き続き子の秀頼に仕えたが、やがて引退して大坂・玉造（大阪市中央区）で著述活動に専念している。牛一は日頃からメモを残しており、慶長八年（一六〇三）頃には『信長公記』を完成させたという。完成の時期は信長の死後（天正十年）から、約十六年を経ている。

『信長公記』の名称は、実にさまざまなものが伝わっている。自筆原本だけでも『永禄十一年記』、『信長記』、『信長公記』とタイトルは異なっており、写本に至っては『安土記』、『安土日記』などと名付けられている。中でも『信長記』は、小瀬甫庵《おぜほあん》の手になる『信長記（甫庵信長記）』もあるので、混同しないように注意が必要である。

珍しいことに『信長公記』の原本については、次のとおり三種類が伝わった。

①『永禄十一年記』（東京・尊経閣文庫、一巻本）

②『信長記』（岡山大学附属図書館・池田家文庫所蔵、十五巻本）

③『信長公記』（京都・建勲《たけいさお》神社所蔵、十五巻本）

ほかにも良質な写本として、陽明本、町田本、天理本の存在が知られている。②と③は重要文化財であるが、信長が京都に入洛する前の動向を示す首巻を欠いている点に特長がある。なお、②は福武書店から昭和五十年（一九七五）に影印本として刊行された。

三つの原本の中で、②には朱筆の訓点（漢文を訓読するために書き入れる文字や符号）が施されている。また、牛一自筆の冊が含まれると考えられ、もっとも善本であると指摘されている。現在広く活用されている奥野高廣・岩沢愿彦《よしひこ》校注『信長公記』（角川ソフィア文庫）は、陽明本（写本）を底本にしている。

全体の構成

全体の構成を確認しておこう。首巻は信長が幼い頃の織田家や尾張、美濃など周辺地域の政治情勢を中心に、永禄十一年（一五六八）に信長が将軍・足利義昭《よしあき》を擁立して上洛するまでを詳しく記している。第一〜十五巻は、信長の上洛後から天正十年六月に亡くなるまでを収録する。信長の生涯は、一年につき一巻の編年体でまとめられている。信長の生涯を知るには、もっとも重要な根本史料であるといえよう。

牛一の執筆態度は、事実に即して書いていると指摘されており、一次史料と照合しても正確な点が多い。そうした理由から、二次史料とはいえ、『信長公記』は信長研究で必要不可欠な史料であり、おおむね記事の内容は信頼できると高く評価されている。

近年、『信長公記』は桶狭間合戦、長篠合戦の研究で用いられている。通常、一次史料では合戦の具体的な動きを把握できないことが多い。ところが、『信長公記』では、具体性に富んだ記述を多々見ることができる。それゆえ『信長公記』は、合戦分野の研究で重宝されるのである。

ただ、成立したのは信長の死後から十六年を経過しており、牛一のずば抜けた記憶力やメモがあったとはいえ、誤りや記憶違いもあるのではないかと危惧される。必ずしも万能とは言えないだろう。したがって、利用に際しては慎重さが必要で、一次史料との照合が欠かせないところである。

牛一の没年は不明であるが、慶長十年（一六〇五）までは存在を史料上で確認することができる。この時点で年齢が七十代後半なので、『信長公記』は最晩年の作である。

それ以外の二次史料

次に示す二次史料は比較的成立年が早く、信が置けるとされる場合もあるが、使わないに越したことがない二次史料である。なお、以下の解説については、桑田忠親氏の研究を参照した（桑田：一九六五）。

『惟任《これとう》退治記』（『続群書類従』二十、続群書類従完成会。『惟任謀叛記』とも）は、豊臣秀吉の御伽衆《おとぎしゅう》を務めた大村由己《ゆうこ》が執筆したものである。天正十年（一五八二）に成立した。秀吉は由己に命令して、たびたび自分の事績を執筆させていた。そうした作品は十数編あったといわれているが、うち現存するのは『惟任退治記』など八編だけである。それらは総括され、『天正記』と称されている。

同書の内容は、天正十年の武田氏討伐から筆を起こし、備中高松城の攻防、本能寺の変、山崎の戦いを取り上げ、最後は信長の葬儀で締めくくっている。特に、本能寺の変前後の流れについては、美文調の漢文で描かれている。同書の奥書には「天正十年壬午十月十五日大村由己これを誌す」とあり、本能寺の変からわずか四ヵ月後に成立したことがわかる。ただ、この日は信長の葬儀だったので、実際はもう少し後だったのではないかと指摘されている。

『惟任退治記』は成立年が早いので、一般的には史料としての価値は高く評価されがちである。しかし、秀吉の命を受けて執筆しているので、全体の傾向としては秀吉を賛美しがちである。美文調で書かれており、修辞も多すぎるのも気に掛かる。何よりも、由己自身が正確を期すべく、聞き取りを行ったのかなどは不明である。そのような理由から、やや辛口の評価とした。なお、同書は『惟任謀叛記』と題して、『戦国史料叢書　太閤史料集』（人物往来社）に収録されている。

＊

『川角《かわすみ》太閤記』（『戦国史料叢書　太閤史料集』人物往来社）は、田中吉政《よしまさ》に仕えた川角三郎右衛門の著作と考えられている。元和七～九年（一六二一～二三）頃に成立したという。文字どおりの秀吉の一代記というよりも、『信長公記』を受けて、その後の歴史を書こうとしたものらしい。本文は、本能寺の変から記述がはじまっている。

変後約四十年後に執筆されたものの、実際には誤りも少なくなく、注意が必要である。特に、人物の描写が生き生きとしているので、ついつい引き込まれてしまう。本能寺の変の描写については、変後に生き延びた明智氏の旧臣の二人からの聞き書きをベースにしたというが、どこまで信頼できるのかわからない。光秀自身の言動、明智軍の動静に至る細かい部分まで信用できるのかは、慎重な検討が必要である。

＊

『豊鑑《とよかがみ》』（『群書類従』二十、続群書類従完成会）は、旗本・竹中重門《しげかど》の著作である。重門の父は、竹中半兵衛重治である。同書は、寛永八年（一六三一）に成立。秀吉の略伝で本能寺の変も記すが、儒教的な影響を色濃く受けている。重門は秀吉の近辺に仕えており、そうした意味では貴重な史料といえるのかもしれないが、本能寺の変からは約五十年経過して書かれたものであり、全面的に信が置けるのかは不審である。

史料として適さない二次史料

以下に掲げた二次史料は内容に問題が非常に多く、歴史史料として使ってはいけない史料である。

儒学者の小瀬甫庵『信長記』（現代思潮新社）は元和八年（一六二二）に成立したといわれてきたが、今では慶長十六、十七年（一六一一、一二）年説が有力である。広く読まれたが、創作なども含まれ儒教の影響も強い。太田牛一の『信長公記』と区別するため、あえて『甫庵信長記』と称することもある。

そもそも『信長記』は、太田牛一の『信長公記』を下敷きとして書いたものである。しかも、『信長公記』が客観性と正確性を重んじているのに対し、甫庵は自身の仕官を目的として、かなりの創作を施したといわれている。それゆえ、内容は小説さながらのおもしろさで、江戸時代には刊本として公刊され、『信長公記』よりも広く読まれた。

先述のとおり、『信長記』の成立は十年ほど遡ることが立証された（柳沢：二〇〇七）。これをもって『信長記』の史料性を担保する論者もいるが、成立年の早い遅いはあまり関係ない。そもそも『信長記』は創作性が高く、史料としての価値は劣る。

＊

『総見記《そうけんき》（織田軍記）』（物語日本史大系第七巻、早稲田大学出版部）は遠山信春《のぶはる》の著作で、貞享二年（一六八五）頃に成立したという。甫庵の『信長記』をもとに、増補・考証したものである。そもそも史料性の低い甫庵の『信長記』を下敷きにしているので、非常に誤りが多く、史料的な価値はかなり低いと指摘されている。

＊

『明智軍記』（新人物往来社）は著者が不明で、元禄年間（一六八八〜一七〇四）頃に成立したという。光秀の記事は多いものの、間違いが大変に多く「誤謬《ごびゅう》充満の悪書」と称された（高柳：一九五八）。

たとえば、光秀が信長から近江・丹波を取り上げられ、石見《いわみ》・出雲に移される予定であったなどは、ほかに裏付ける史料がなく疑問視されている。

＊

ここに挙げた史料については、概して史料性が低いと評価したが、ユニークかつ自説に有利な記述があるゆえ、「この部分については信用できる」という議論が見受けられる。しかし、全体の史料性が低いのに、なぜその部分だけを評価できるのか疑問である。二次史料全般について言えることだが、安易に自説の裏付けにするのは注意を要するところである。

第一章

怨恨説、不安説、野望説

根強い怨恨説

明智光秀は、なぜ織田信長に叛旗を翻したのか。

その理由でもっとも根強いのは、光秀が信長に恨みの念を抱いていたという説である。とりあえず、これを怨恨説と名付けておこう。

光秀が信長から折檻を受けた逸話は、二次史料に数多く描かれている。詳細はのちほど詳述するが、丹波八上《やかみ》城（兵庫県丹波篠山《ささやま》市）で人質に送った光秀の母親が見殺しにされた一件、甲州征伐後に光秀が信長の命で徳川家康を饗応《きょうおう》したが、肴が腐っているなどの理由により、大失態を演じた一件を挙げることができよう。

特に、家康饗応で失態を演じた際、光秀は信長から激しい折檻《せっかん》を受け、武士の面目を著しく失した。話によっては、信長の小姓である森蘭丸から鉄扇で額を割られたとも伝わっている。いずれにしても、光秀を取り上げる映画、ドラマ、小説では必ずと言ってよいほど取り上げられ、誰もが知るエピソードである。

ところが、右の逸話の出典を探ってみると、質の低い二次史料に書かれているものばかりで、一次史料では確認することができない。以下、それらの事例について、出典を明らかにしながら、詳しく検討することにしよう。

八上城における母の見殺し

天正三年（一五七五）以降、光秀は信長により丹波計略を命じられ、天正六年（一五七八）三月から本格的に丹波八上城を攻略した。光秀は八上城の周囲に付城《つけじろ》を築き、兵粮攻めを行った。結局、攻防は約一年三ヵ月続いたが、八上城に籠る波多野秀治ら三兄弟は降参し、戦いは幕を閉じた。天正七年（一五七九）六月二日、秀治ら三兄弟は安土城（滋賀県近江八幡市）に連行され、城下の浄巌院慈恩寺《じょうごんいんじおんじ》で磔刑《たっけい》に処されたという（『信長公記』）。

光秀が波多野秀治ら三兄弟を攻撃した際には、のちに信長に恨みを抱くことになった有名なエピソードが残っている。この点を『総見記』で確認しておこう。

八上城の戦いの終盤になって、光秀は愛宕山大善寺（京都市右京区）らを仲介として、波多野氏に和平を持ち掛けた。交渉内容とは、信長は丹波征伐に遺恨があるわけではなく、天下統一に志があるので、波多野氏が降伏すれば丹波一国を安堵し、家の存続を保証するというものである。

むろん、信長から和平の証として起請文を差し出すとまで言ったが、波多野氏は疑って和平を受け入れなかった。そこで、一計を案じた光秀は、八上城に自身の母を人質として預け、秀治ら三兄弟の助命を約束したうえで降伏に持ち込んだのである。五月二十八日に和平は成立し、光秀は母親を八上城に差し出した。

六月二日、秀治らは八上城を出て、光秀の城へやってくると、光秀は彼らをもてなした。そして、秀治らを捕らえて、その旨を安土城にいる信長に報告したのである。秀治は安土城へ連行される途中で怪我のため亡くなったが、弟の秀尚は安土城で自害した。それを聞いた八上城の残党は、報復措置として光秀の母を磔にしたのである。

『総見記』はこの続きとして、矛盾したことを書いている。六月四日、光秀は搦め捕った波多野三兄弟を安土城に連行し、城下の浄巌院慈恩寺で磔刑に処したとする。この内容は、『信長公記』と同じである。少なくとも、秀治は安土に連行する途中で亡くなったと書いているので、記述が混乱しているのは明らかである。

右の逸話は、『総見記』に書かれたものである。ただ、先述した『信長公記』によると、光秀の兵粮攻めによって、八上城に籠城していた兵卒は完全に疲弊していた。同趣旨のことは、天正七年に比定される四月四日付の光秀書状（「下条文書」）、同五月六日付の光秀書状（「小畠文書」）にも書かれている。落城は目前だったのである。戦いで優位に立つ光秀が、あえて波多野氏に対し、母を人質として送り込む必要はないだろう。

先述のとおり、『総見記』とは、『織田軍記』と称されている軍記物語の一種である。遠山信春の著作で、貞享二年（一六八五）頃に成立したという。本能寺の変から、百年ほど経て成立したものである。

内容は、史料的に問題が多いとされる小瀬甫庵の『信長記』をもとに、増補・考証したもので、脚色や創作が随所に加えられている。史料性の低い甫庵の『信長記』を下敷きにしているので非常に誤りが多く、史料的な価値はかなり低い。記述に大きな偏りが見られるため、とうてい信用に値するものではないと評価されている。したがって、歴史史料として用いるのは適切ではない。

結論を言えば、八上城の開城後の措置については、光秀の書状や『信長公記』の記述のほうが信憑性が高く、『総見記』などの記述はあてにならない。したがって、光秀が母親を人質として敵に差し出したという逸話はまったくの創作であり、史実として認めがたいのである。同時にそれは、怨恨説の根拠にはなりえない。

武田氏の滅亡と光秀

次に、光秀が怨恨を抱くきっかけとなった、家康の饗応事件などを取り上げよう。その引き金になったのは、天正十年（一五八二）三月の武田氏滅亡である。

天正十年一月、信濃の木曽義昌《よしまさ》が突如として、同盟関係にあった武田勝頼を裏切り、信長方に誼《よしみ》を通じた。この事態に驚いた勝頼は、ただちに義昌を討伐すべく、一万五千の兵を遣わせた。勝頼の出陣を知った義昌は、信長に援軍の要請を行っている。義昌の救援要請を受けて、信長は嫡男の信忠を先鋒とする軍勢を派遣した。

同年二月、光秀は甲斐への出陣準備を命じられた（『信長公記』）。同年三月五日、信長は明智光秀、筒井順慶、細川藤孝を引き連れて、安土から甲斐国へ向かった。むろん武田軍を討伐する軍勢としてではなく、勝利を確信したうえでの「関東見物」であった（「古今消息集」）。公家の近衛前久が同道しているのは、その証左である。武田氏が滅亡したとき、信長は信濃国境すら越えておらず、美濃国の岩村城（岐阜県恵那市）に滞在中だった。

同年三月十一日、織田信忠の軍勢は甲斐の武田勝頼を天目山《てんもくざん》（山梨県甲州市）で滅亡に追い込んだ。ここに甲斐の名門・武田氏は滅亡したのである。このときの軍功によって、滝川一益は上野国と信濃国（小県《ちいさがた》・佐久両郡）を与えられ、「関東管領」と称せられる地位に躍進した。同年四月、光秀は甲斐から帰還したがことさら恩賞を与えられた形跡はない。もとより戦っていないのであるから、仕方がないだろう。

小和田哲男氏は信長に従った光秀の心境について、「近畿管領」として当然の職務としつつも、その心中は穏やかでなかったと推察する。それは、ひとえに光秀が戦闘でまったく期待されず、戦功を挙げる可能性のない出陣だったからであると指摘している（小和田：一九九八）。

一方で、光秀の下に位置付けられる滝川一益が勝頼の首を獲るという戦功を挙げ、関東管領たる地位を手に入れたことは、光秀に焦りの気持ちを生んだとも述べている。つまり、光秀が甲斐で戦闘に出陣できなかったことは、信長に対する不満あるいは不安を生じさせたことになろう。

しかし、信長配下の者にはそれぞれの役割があり、すべての家臣に武田氏討伐を命じるわけにはいかない。当時、関東方面に基盤を置いた一益が勝頼討伐に向かったのは、当然のことだった。光秀の活躍の場は、本拠の近江や丹波を含めた、畿内を中心とした周辺エリアである。ゆえに信長は、光秀に戦闘への参加を命じなかったと考えられ、小和田氏の指摘には妥当性が感じられない。

光秀が武田氏討伐に出陣しなかったのは理由があるからで、逆に、光秀が信長の側近として同道していたことは、二人の良好な関係を意味していると考えられる。信長が嫌っていたら、決して光秀を帯同させなかったに違いない。光秀が心中に大きな不安を抱いたと考える必要はないだろう。この件で、光秀が信長に恨みを抱いた可能性は低い。

暴行された光秀

光秀が信長に対して恨みを抱いた原因について、甲斐武田氏攻めの終了後に起こった、ある事件に求める説がある。

織田軍が武田氏を攻撃したとき、信濃国の反武田氏勢力が信長のいる法華寺(長野県諏訪市)の陣所に結集した際の話である。光秀は信長が諏訪郡を配下に収めたことを祝い、「骨を折った甲斐があった。諏訪郡のうちはすべて上様(=信長)の兵である」と言葉を漏らした。ところが、光秀は実際に戦ったのではなく、信長のお供として戦場にやって来たに過ぎない。

この言葉を聞いた信長は「(光秀が)どこで骨を折ったのか」と激怒し、光秀の頭を欄干《らんかん》にこすりつけるなどし、乱暴を働いたという逸話が伝わっている。それゆえ光秀は、信長に対して恨みを抱いたというのである。

こらちの話は『祖父物語』という質の低い編纂物に書き記されたもので、現在では受け入れられていない。こういう事実は一次史料では確認できないうえに、荒唐無稽である。光秀が信長に恨みを抱いたことを印象付けるための単なる創作に過ぎないだろう。

『祖父物語』(『朝日物語』とも)は、柿屋喜左衛門の著作とされ、成立は慶長十二年(一六〇七)頃と言われている。喜左衛門は、尾張国朝日村(愛知県清須市)の住人だった。内容は著者の祖父が見聞きしたものを筆録したもので、織田信長、豊臣秀吉をはじめ、織豊政権下における武将らの逸話が収録されている。喜左衛門が祖父に実際に見聞きしたことを書き留めたとはいえ、信憑性が高いことを決して意味するものではない。一次史料での裏付けが必要ではないか。この事件も、怨恨説の一因と考えるのは妥当ではないと考えられる。

殺されそうになった光秀

天正十年(一五八二)五月初め、信長は庚申待《こうしんまち》(庚申の夜、三尸《さんし》の難を避けるために帝釈天、青面《しょうめん》金剛、猿田彦を徹夜でまつる習俗)の夜、柴田勝家ら重臣たちとともに酒宴を催した。そのとき事件が起こった。

酒宴の途中、光秀は小用に立った。すると突然、信長は「きんかん頭（禿げ頭）、なぜ中座したのか」と激怒し、槍（または刀）を光秀の首筋に突き付けたといわれている。本当に光秀が禿げ頭だったのかは不明である。この出来事も怨恨説の証左の一つとされており、『義残後覚《ぎざんこうかく》』『柏崎物語』『続武者物語』に書かれた話である。

『義残後覚』は、十六世紀末の文禄五年（一五九六）に成立した、世間話集である。監修者は愚軒なる人物であるが、その出自などはわかっていない。内容は戦国大名の武辺話を中心として、怪談、奇談、笑話、風俗記録など、多種多様なもので構成されている。特徴としては中国地方の大名が多く取り上げられており、作者は中国地方の事情に詳しい人物とする説がある。逆に、徳川家康ら関東の大名は触れられていない。

　豊臣秀吉は絶賛して語られているので、作者は豊臣秀次の側近衆に関わりがある、御伽衆の一人という説もある。逆に、信長を取り上げているときは、ほとんど酷評に近い状態である。『義残後覚』には、信長を貶《おとし》めるという史料のバイアスがかかっているので、右の逸話もにわかに信用することはできない。

　天正十年（一五八二）三月の甲州征伐後の出来事とするのは『柏崎物語』であるが、柴田勝家は北陸に出陣中で、酒宴に参加する余裕などなかっただろう。やはり、この説は成り立たないと考えられる。

『柏崎物語』には、信長、秀吉、家康の逸話などが収録されている。こちらは牢人の柏崎三郎右衛門の談話の集成で、幕府御書院番《ばくふごしょいんばん》の能勢市兵衛が聞き取りをメモしたものである。しかし、メモが走り書きで読みづらかったので、天明七年（一七八七）に三橋成方が読みやすくリライトした。史料的な価値は、低いといってよいだろう。

『続武者物語』（国枝清軒《せいけん》著）では、酒が飲めない光秀に対して、信長が飲酒を強要したことになっている。同書は延宝八年（一六八〇）十月に成立した編纂物で、内容はさまざまな所伝を年次不同で編集した書物に過ぎない。その史料的な価値は、同年に成立した『武辺咄聞書』と大同小異で信用できない代物である。

この酒宴における逸話はいずれも質の低い書物に載せられたもので、歴史史料としては問題が多い。たしかな史料で裏付けられるものではなく、信じ難い創作に過ぎないと考えられる。これを怨恨説の一因と考えることも難しいだろう。

家康の饗応事件

光秀が信長に怨恨を抱いた理由としては、光秀が徳川家康の饗応の接待役を務めた際のエピソードが有名だろう。

天正十年（一五八二）五月、信長は武田氏を討伐した労をねぎらうため、徳川家康を安土城に招いて饗応することになった。家康はその働きによって、すでに駿河国を与えられていた。同年五月十五日、家康は駿河拝領のお礼を申し述べるため、武田勝頼を裏切った穴山梅雪《あなやまばいせつ》（信君《のぶただ》）を伴って、信長のいる安土城に参上したのである。このとき接待役という重大な役を任されたのが、光秀だった。

以下、『川角太閤記』をもとに、そのときの状況を再現しておこう。家康の一行は、光秀の屋敷を宿とした。信長は光秀の屋敷に足を運び、宴会に供される肴の準備状況を確かめようとした。ところが、時期は初夏の頃であり、生魚が傷んでいたのか、すでに悪臭が門前に漂っていた。驚いた信長は台所へ飛んでいき、これでは家康のもてなしができないと激昂し、堀秀政《ひでまさ》の屋敷に家康の宿を変えさせた。光秀の大失態である。

体面を失った光秀は、用意した料理を器ごと堀に廃棄したので、安土城下一帯に悪臭が漂ったという。これに付随して、信長が光秀の準備した料理を琵琶湖に投げ捨てさせたとか、信長の命を受けた小姓の森蘭丸が鉄扇で光秀の額を割ったとか、さまざまなエピソードが残っている。

結局、光秀は家康の接待役を辞めさせられ、おまけに羽柴（豊臣）秀吉の援軍として、中国方面への出陣を命じられた。格下げのような扱いである。これにより立場をなくした光秀は、信長を深く恨んだというのである。

ところが、この話は『川角太閤記』などの質の劣る二次史料に記されたものであり、現在では否定的な見解が多い。信頼できる史料で改めて饗応の状況を確認してみよう。

うまくいった饗応

同年五月十二日、光秀は家康をもてなすため、奈良の興福寺などに調度品の貸し出しを依頼し、それらは安土城に運ばれていた（『多聞院日記』）。光秀は準備に奔走しており、かなり念入りだったようである。『信長公記』にも「京都・堺にて珍物をととのえ」とあり、家康のもてなしには光秀の最大限の配慮が見られる。

結果、家康の饗応は無事に終わったのである（『兼見卿記』）。

もし、光秀の失態が事実ならば、せめて『信長公記』くらいには記述があるはずである。それすらもないうえに、話があまりに荒唐無稽である。

そもそも、門前に悪臭が漂っているのに、光秀が気が付かないことなどありえないだろう。もし万が一光秀が気が付かなくても、周囲の人間が知らせるはずである。そうでなければ、あまりにお粗末すぎる。また、秀吉の援軍を命じられたのは、光秀が饗応で失態を演じたからではなく、備中高松城（岡山市北区）の攻防が大詰めとなった秀吉の援軍要請に応じて、信長が命じたものである。

『川角太閤記』は、本能寺の変から関ヶ原の戦いまでを、豊臣秀吉中心に記した聞き書きである。田中吉政の家臣・川角三郎右衛門が作者とされ、成立はおおむね元和七年（一六二一）から同九年（一六二三）の間といわれている。成立年が早く人物が生き生きと描かれているが、実際には書かれている内容に誤りが多いと指摘されている。

本能寺の変に関する『川角太閤記』の記述は、生き残った光秀の旧臣からの聞き取りをもとにしたというが、そのまま受け取るわけにはいかない。成立年が早いことと信憑性の高さは、必ずしも一致しないのである。

『日本史』の記述

光秀が家康の饗応で大失態を演じ、信長から饗応役を外されたという説は、質の劣る史料に記されたことであり信用できない。

しかし、このときに信長と光秀との間に何らかのトラブルがあったことについては、フロイスの『日本史』（第五六章）に次のとおり書かれている。

これらの催し事（家康の饗応）の準備について、信長はある密室において明智（光秀）

と語っていたが、元来、逆上しやすく、自らの命令に対して反対（の意見）を言われることに堪えられない性質であったので、人々が語るところによれば、彼（信長）の好みに合わぬ要件で、明智（光秀）が言葉を返すと、信長は立ち上がり、怒りをこめ、一度か二度、明智（光秀）を足蹴にしたということである。※（　）内は著者補足。

家康の饗応をめぐって、信長と光秀が密室で話をしていたところ、信長の気に入らない話題が出て、そのことに光秀が口ごたえをした。残念ながら、肝心の話題については、詳しいことが何も書かれていない。

そして面談の途中、信長は逆上して、光秀を一・二度足蹴にしたというのである。信長がどういう話題で立腹し、光秀を足蹴にしたのかはわからない。なお、この話はフロイスが直接見たのではなく、「人々が語るところによれば」とあるように、伝聞だったことに注意すべきである。

フロイスと『日本史』

フロイスの『日本史』の史料性は、どのように考えるべきだろうか。

フロイスはポルトガルからやって来た、イエズス会の宣教師である。天正十一年（一五八三）以降、ザビエルの来日以後の布教史をまとめた『日本史』の執筆を命じられた。『日本史』は全三巻から成っており（一巻は断片的に残存）、天文十八年（一五四九）から文禄三年（一五九四）までの期間を執筆している。フロイスは『日本史』の執筆にすべてを捧げ、ときに一日に十数時間も書いたことがあったという。

フロイスは大変な記録魔であり、その叙述は極めて詳しく大部になった。それゆえ検閲者であるヴァリニャーノは短縮を求めたが、フロイスは拒絶した。結局、原稿はヴァリニャーノの判断により本国に届けられず、マカオの修道会に埋もれたままとなった。原本は一八三五年の火災で焼失し、今は写本が現存している。

好奇心旺盛なフロイスは戦国武将だけでなく、多くの出来事に関心を持って書き残したため、同時代の一級史料として評価されている。日本の習俗にまつわる記述も貴重である。フロイスの情報収集能力と観察眼は、群を抜いて優れていたといえる。

松本和也氏によると、『日本史』は何の疑問も持たれず活用されてきたが、外国人の宗教者が書いたので、信用できないとする二項対立の側面があったという。フロイスはキリスト教に理解を示す大名を好意的に記し、そうでなければ辛口の評価を与えた。したがって、無批判な使用は慎むべきであるが、日本側の史料と突き合わせることにより、事実関係が信用できることもあると述べる（松本：二〇一七）。しかし、私は『日本史』の史料的な評価については、さらに検討が必要と考えている。

光秀の饗応事件については、多くの二次史料が雄弁に物語っているが、一次史料では裏付けが取れない。しかし、信長がこの時点で光秀に特別な悪感情を抱いたとは考えにくい。というのも、羽柴（豊臣）秀吉の援軍として、中国方面への出陣を命じるほどだからだ。これは光秀を信頼しているからこその命令であり、左遷のように考えるべきではないだろう。

もし、信長が光秀を気に入っていないならば、そういう命令を与えず、佐久間信盛《のぶもり》らのように追放などの厳しい処罰を科したに違いない。したがって、『日本史』の記述の意味については、やはり慎重な検討が必要であると考える。

家臣を引き抜いた光秀

信長と光秀の間に確執が生じた理由として考えられているものに、光秀が稲葉一鉄《いってつ》の家臣・斎藤利三を引き抜いた事件がある。

利三はもともと曽根城（岐阜県大垣市）主の稲葉一鉄の家臣だったが、一鉄のもとを辞去し、光秀に仕官することになった。おそらく、光秀の誘いがあったからだろう。元亀元年（一五七〇）の出来事であるといわれている（『稲葉家譜』）。ところが、一鉄は利三が光秀に仕えることを許さず、信長に訴え出たのである。

訴えを聞いた信長は一鉄の主張を認め、光秀に利三を一鉄のもとに返すよう命じたが、光秀はそれを拒否した。逆上した信長は、光秀の髻《もとどり》を摑んで突き飛ばし、手討ちにしようとしたが、辛うじて光秀は危機から脱したという。光秀はこの恨みを忘れず、本能寺の変を起こしたというのである。

戦国家法を見ると、家臣が新しい主人に仕える場合は、旧主の許可をあらかじめ取っておかなくてはならないと規定していることがある。この決まりは、当時の慣習だったのである。一鉄は決して無理難題を吹っ掛けたのではなく、当時の慣習を踏まえたうえで、信長に裁定を求めたのである。

似たような話は、『柳営《りゅうえい》婦女伝系』にもある。利三は一鉄の婿であり、家臣でもあった。利三は武功が優れていたが、一鉄は重用しなかった。利三はこれを恨んで、三回も稲葉家を辞去しようとしたが、その度ごとに一鉄に阻まれた。その後、利三は光秀に仕えたとあるが、一鉄と揉めた話や経緯は記されていない。

『稲葉家譜』は家譜一般に通じるとおり、祖先の顕彰を目的の一つとしているので、どこまで内容が信用できるのかわからない。一鉄が主君を光秀に変えたのは事実としても、信長が光秀に暴力を振るったことは検証が必要であろう。

しかし、この件については異説がある。以下、『続武者物語』に載せる逸話である。

信長が光秀の髻を摑んで突き飛ばしたと述べたが、『続武者物語』は違う話を載せている。激怒した信長は光秀の額を敷居に擦り付けて折檻したところ、光秀は月代《さかやき》から血を流しながら、「三十万石もの大禄を拝領し、さらに優秀な侍を引き抜いたのは、主君である信長のためであって、私利私欲のためではない」と弁明したという。逃げたのではなく、利三の引き抜きは信長のためだと主張したのである。

光秀の答えを聞いた信長は、脇差を差していたら手討ちにするところだが、光秀が丸腰なので許したと伝わる。話の内容が少しばかり劇的なだけに、にわかに信じがたい説である。『続武者物語』の史料性は、先述のとおり信が置けない。率直に言えば、『稲葉家譜』『続武者物語』の記述は脚色が著しく、信用できないように思う。

付髪を落とされた光秀

『日本史』に書かれた「彼（信長）の好みに合わぬ要件」については、桐野作人氏が興味深い指摘を行っている（桐野：二〇〇七）。先述のとおり、光秀は以前にも稲葉家から斎藤利三を引き抜いたが、次に稲葉一鉄の家臣・那波直治《なわなおはる》を引き抜こうとしたということに桐野氏は注目する（『稲葉家譜』）。

天正十年（一五八二）五月、那波直治が稲葉家を去って光秀に仕えた。稲葉一鉄は光秀に二度も家臣を引き抜かれたので激怒し、光秀と信長に直治の返還を訴えたのである。訴えを聞いた信長は、光秀に直治を稲葉家に返還するよう命じ、利三に対しても自害を命令したという。ところが、信長配下の猪子高就のとりなしがあったので、利三は命だけは助かり、光秀に元のとおり仕えることになった。

しかし、信長は光秀が法を破ったことに激怒し、光秀を呼び出して譴責《けんせき》すると、頭を二、三度叩いた。光秀は頭髪が薄かったので、常に付髪《つけがみ》（カツラのようなもの）をしていたが、それが打ち落とされた。それゆえ光秀は、信長の仕打ちを深く恨んだ。本能寺の変の根本の原因は、この事件にあると『稲葉家譜』に書かれている。

結局、直治は美濃に帰って稲葉家に仕え、堀秀政は稲葉貞通（一鉄）に書状を送ったというのである。

『稲葉家譜』には、天正十年に比定される、五月二十七日付の堀秀政が稲葉一鉄と那波直治に送った書状が記載されており、直治の稲葉家への帰参を信長が裁定したことが書かれている。文中に「もっともの由、御掟に候」とあるように、家臣の引き抜き禁止は戦国社会における一般的な決まりだった。

天正十年に比定される、五月二十七日付の直治宛の秀政書状には、「筋目として重ねてご支配の由承り候」と書かれている。この「筋目」が旧主の許可を取らないと、新主に仕えることができないというルールになろう。

奥野高廣氏は右の一連の流れについて、『稲葉家譜』が堀秀政の書状写《うつし》などを引用しているので、信用に値すると指摘する（奥野：一九八八）。桐野氏は光秀の付髪事件について、『稲葉家譜』に収録された堀秀政の書状写は信頼できると述べ、書状に関連する叙述は信頼できないと評価するのはいささか矛盾すると指摘している。書状の写に問題がないのは同意するが、光秀の付髪の一件はいかがなものだろうか。

書状の評価をめぐって

家譜などの編纂物に記載される文書は玉石混交で、一目で偽文書《ぎもんじょ》であるとわかるものも珍しくない。しかし、十分に史料批判をしたうえで、内容に問題がなければ積極的に利用すべきだろう。

とはいえ、地の文（会話以外の説明や叙述の部分）については、編纂および執筆者の意図が反映されていることもあり、史実を正確に読み取っていないこともある。それは史料で確かめたというよりも、伝聞、口伝などによることもある。この場合は、書状の説明として書状を挙げているが、付髪の落下はたしかな史料で確認できないことに注意すべきである。このケースで言えば、そう記すことによって、光秀を貶める意図があったことも考慮しなければならない。それは、斎藤利三の引き抜きの件についても同様である。

『稲葉家譜』所収の堀秀政書状は問題ないと考えてよいが、書状には「直治の稲葉家帰参を信長が裁定した」という事実が書かれているだけで、光秀の付髪の件は何も書かれていない。桐野氏はその点について、「いかにも見てきたような虚説とするか、あるいはリアリティは細部に宿るとみるか、評価が分かれる」と述べている。

信長が光秀に折檻を加えたという話は、いくつもの編纂物に書かれているので、『稲葉家譜』の光秀の付髪の件は荒唐無稽なエピソードに過ぎず、信用できる記述ではないと考える。この件は信長の暴力性に仮託し、光秀が利三や直治を召し抱えようとした不祥事につなげた、単なる創作ではないか。『稲葉家譜』では、光秀の付髪の一件が「本能寺の変の根本の原因である」と指摘するが、余計に不信感を際立たせる。

編纂物に文書が掲載されているということは、その編纂物の地の文の正しさを証明することにはならないと考える。家譜などの地の文は、一次史料に基づき、現代歴史学のように公正・公平な態度かつ科学的で執筆されているとは限らないので、安易に信用することを差し控えるべきだろう。

襲われた光秀の妻

まったく取るに足りない話であるが、『落穂雑談一言集』という俗書には、光秀が信長に恨みを抱くに至った逸話を載せている。

ある日のこと、信長は家臣らとともに女色談義をしていたところ、家臣の一人が光秀の妻こそが、天下一の美人であると話題にした。すると信長は、毎月朔日と十五日にお礼として家臣の妻に出仕を命じたという。信長の目当ては、光秀の妻だった。出仕の当日になると、物陰で待ち構えていた信長は、長廊下に光秀の妻がさしかかると、背後から抱きしめようとした。

抱きつかれた光秀の妻は驚き、持っていた扇子で信長を激しく打ち据えた。信長は本懐を遂げることなく、その場を去ったという。しかし、ここからが大変だった。

事件の話を妻から聞いた光秀は、妻を襲った犯人が信長であると確信した。以後、光秀は信長の態度に注意を払っていたが、やがて信長は家臣らの面前で光秀に恥辱を加えるようになった。恥をかかされた光秀は信長に怒りを禁じ得ず、のちに逆心を抱くようになったというのである。

この話についてはコメントすらしづらいが、まったく無視して差し支えないレベルである。

単なる興味本位の逸話に過ぎない。

不安説について

ここまで怨恨説を検証してきたが、いずれも史料に立ち戻ると十分な妥当性が見られないということがよくわかる。

さて、怨恨説以外に考えられるものはあるだろうか。光秀が信長に仕えるなかで、将来に不安を抱いたという説がある。それが、不安説と称されるものである。

光秀は信長から近江・丹波を召し上げられ、代わりに石見・出雲が与えられる予定だったという。光秀は、天正元年（一五七三）に近江国志賀郡を信長から与えられた。天正七年には丹波平定を成し遂げ、そのまま丹波一国を拝領した。近江も丹波も京都に近く重要な地域であり、順調に出世を遂げていたのである。

光秀が与えられる石見・出雲は京都から遠隔地にあり、未だに毛利氏の勢力下にあった。つまり、半ば実力で支配せよということである。その難しさは容易に想像され、とても円滑に支配できる状況にはなかった。このように酷い仕打ちを信長から受けた光秀は、左遷されたと思い込み、将来に不安を感じたという。

光秀が石見・出雲に左遷されるという話は『明智軍記』という編纂物に記されている。『明智軍記』は江戸時代の十七世紀末期から十八世紀初頭、つまり光秀の没後から約百年後に書かれた光秀の伝記である。残念ながら、著者はわかっていない。

そして、同書には誤謬も多く、他書の内容と整合しない記述が多くあり、しかも裏付けに乏しい。よって、同書は質の低い二次史料と指摘されており、「誤謬充満の書」と評価されている。その点から、光秀が石見などへ移される話は裏付けが乏しく、否定的な見解が多数を占めており、光秀の将来に対する不安説は成り立ち難いようである。

野望説とは

光秀が信長を討とうとしたのは、自らが天下人になるという、野望があったとする説がある。こちらも、おおむね二次史料の記述による。

『惟任謀叛記』という二次史料には、「(光秀による信長への謀反は)急に思いついたものではなく、長年にわたる逆意であると考えられる」と記している。つまり、光秀は長年にわたって信長に何らかの逆心を持っており、とっさのことではなかったというのである。のちに詳しく触れるが、この説明は数多くの黒幕説につながっていく。

『豊鑑』という二次史料には、「(光秀は)なお飽き足らず日本を治めようとして、信長を討った」と記し、さらに続けて、光秀の欲が道を踏み外して、名を汚しあさましいことだと述べている。こちらは信長への恨みというよりも、天下獲りの野望が謀反の理由として言及されている。

『老人雑話』という二次史料には、光秀が居城の亀山城に続く北愛宕山に城を築き、周山と号したと記されている。光秀は自身を周の武王になぞらえ、信長を殷紂《いんちゅう》に比した。これは、周武王が宿敵の殷紂を滅ぼし、天下を獲った歴史にちなんだものである。そして、あるとき羽柴(豊臣)秀吉が光秀に対して、「おぬしは周山に夜に腐心して謀反を企てていると人々が言っているが」と尋ねると、光秀は一笑して否定したというのである。

近世初期に成立した随筆の『老人雑話』(『改定史籍集覧』第十冊)は、儒医・江村専斎《えむらせんさい》の談話を門人の伊藤坦庵《たんあん》(宗恕《そうじょ》)が筆録して編集したものである。専斎は永禄八年(一五六五)に誕生し、寛文四年(一六六四)に亡くなったというので、百歳を超える長寿を保った。内容は戦国時代から近世初頭にかけて、武将の逸事や軍事、文事、医事、能、茶、京都の地理などに関するもので、秀吉の記事は注目されるが、必ずしもすべてが事実とはみなし難いと評価されている。

先述のとおり、『惟任謀叛記』はほぼ同時代の史料であるし、『豊鑑』『老人雑話』は後世に成ったとはいえ、成立年が早く同時代を生きた人の話なので信憑性が高いと見る向きもあ

丹波亀山城跡

る。しかし、右の三つの史料のうち、『惟任謀叛記』は秀吉の顕彰という意図があるので、割り引いて考える必要がある。

また、『豊鑑』と『老人雑話』の記述内容は根拠不詳であり、まったく取るに足りないと考える。『豊鑑』は、光秀の主君殺しは、近世初期に広まった儒教に反する行為という、教訓のようなものである。『老人雑話』は、単なるおもしろおかしい創作に過ぎない。光秀が野望を抱いていたとするには、一次史料から蓋然性を導き出すのも困難で、のちほど触れるとおり、野望を抱いたにしては、変後の対応があまりにお粗末である。事前から準備をしていたと考えるには、驚くほど展望がないのである。

光秀の陰謀

再び話が武田氏の件に戻るが、光秀が武田氏とともに信長を討つという陰謀を計画していたという説がある。それは、『甲陽軍鑑《こうようぐんかん》』に書かれている。

武田氏滅亡の一ヵ月前の天正十年（一五八二）二月、光秀は密使を甲斐の武田氏のもとに派遣し、信長に叛旗を翻す旨を伝えた。しかし、武田氏の家臣・長坂釣閑斎《ちょうかんさい》らは光秀の申し出を謀略であると疑い、互いに手を取ることはなかった。それには、もちろん理由があった。先年、佐久間信盛が勝頼に内通してきたが、結果的に嘘だったからである。佐久間信盛は長年にわたる大坂本願寺攻めの失態を信長に咎められ、紀州高野山（和歌山県高野町）に追放された挙句、二年後に亡くなった。

『甲陽軍鑑』は江戸時代初期に編纂された軍学書で、甲州流の軍法、兵法を伝える目的で編纂された。内容は軍法の記述が中心であるが、武田晴信（信玄）、勝頼の二代にわたる事績、合戦、刑政を取り上げ、甲州武士の事績、心構え、理想を述べている。著者については諸説あるが、信玄の家臣・高坂弾正忠昌信《こうさかだんじょうのちゅうまさのぶ》の言を籍《か》りて、彼の縁者の春日惣二郎・大蔵彦十郎らが編集・加筆し、これを小幡景憲《おばたかげのり》が増補・集成したと考えられてきたが、近年では昌信を原作者とすべきであると指摘されている。

『甲陽軍鑑』の評価をめぐっては、これまでは偽書説などがあり、使えない史料とされてきた。しかし、現在では乱取り（戦いの後で兵士が人や物を掠奪する行為）などの慣行、掲載された文書などに見るべき点も多く、十分に吟味して使うべきという意見が多い。むろん、一見して荒唐無稽な記述もあることに注意したい。

似たような話は、『細川家記《ほそかわけき》』にも記されている。武田氏滅亡後の天正十年五月、先述のとおり家康は武田氏の旧臣・穴山梅雪（信君）を伴って、安土城を訪れた。しかし、梅雪は武田氏の家臣だったので、光秀が武田氏に通じようとした事実がばれてしまっては困る。そこで、光秀は信長を討とうと決意したというのである。

『細川家記』は編者の小野武次郎が、安永年間（一七七二〜一七八一）に完成した『綿考《めんこう》輯録《しゅうろく》』（細川幽斎、忠興、忠利《ただとし》、光尚《みつなお》の四代の記録）をもとに編纂した。国文学者・土田将雄氏の研究によると、忠利、光尚の代は時代が下るので信憑性が高いかもしれないが、幽斎くらいになると問題になる箇所も少なくないと指摘されている（土田：一九七六）。

その理由は、『細川家記』を編纂する際に膨大な量の文献を参照しているが、巷間《こうかん》に流布する軍記物語なども材料として用いられているからである。『細川家記』の参考書目を見ると、多くの編纂物が挙がっている。『細川家記』は多くの書物を参考にしているが、その中に『明智軍記』や『総見記』などの信頼度の低い史料も多々含まれており、史料の選別はあまり行われていない。その点で、『細川家記』は扱いが難しい書物といえる。

加えて、細川家の先祖の顕彰を目的としていることから、編纂時にバイアスがかかっているのは明らかである。

『甲陽軍鑑』の記述について言えば、佐久間信盛が武田氏に通じようとした証拠はなく、光秀についても同様である。武田氏にとっては信長は長年の宿敵だったので、光秀が結ぼうと考えたならおもしろい話であり、天下を望もうとしたならなおさらである。おそらく、その程度の話であって、傾聴すべき点はない。

『細川家記』に至っては、梅雪により信長への謀反が暴露される危険性があるなら、それ以前に挙兵しなければ、まったく意味がない。こちらは話が矛盾していて、まったく信用できない作り話である。

二次史料には注意を要する

ここまで書いてきたとおり、怨恨説、不安説、野望説は、その根拠のほとんどが二次史料に書かれたもので、裏付けが乏しいものである。したがって、現時点では一次史料で確認できないので、これらの説を安易に認めるわけにはいかない。

もしかすると、「二次史料というものは玉石混交なのだから、その中で良質なものには史料的な価値を認めるべきだ」という反論があるかもしれない。しかし、それを認めてしまうと、史実確定の根拠について「何でもあり」になってしまうのではないだろうか。

史料的な価値が高い二次史料は、たしかに一次史料の記述と符合するところが多い。ゆえに、史料的な価値が高いのであり、『信長公記』はその代表だろう。問題は、史料的な価値が高い二次史料の記述のうち、一次史料で確認できない部分をどうするかということである。「ほかの部分が正しいのだから、裏付けが取れない記述も正しいはずだ」というわけにはいかないのである。

もし仮にそのように考えたとして、次に行うべき作業があるならば、直接の記述がないにしても、一次史料を用いることによって、二次史料の記述の蓋然性《がいぜんせい》を高めることである。つまり、良質な状況証拠を収集して、当該二次史料の記述を担保することである。そうした作業を抜きにして、安易に採用するのは危険である。

一次史料で裏付けられない二次史料の記述を使いたくなるのは、その記述が注目に値するユニークなもので、自説に有利に作用するときである。そういうときは「史料的な価値が高い二次史料なので問題ない」と、安易に使用しがちである。そうなると、もう歯止めが利かなくなり、ずるずると二次史料の記述に寄りかかってしまう。

もっともまずいパターンは、史料的な価値が低い二次史料であっても、「見るべきところはある」、「根拠もなく書かないだろう」、「捨ててしまうのには忍びない」などの主観により、自説の根拠として採用してしまうケースである。どうしても根拠として使うのならば、先述のとおり状況証拠を集め、記述内容を担保することである。

また、一次史料で裏付けられない二次史料の記述について、「熟練した歴史家ならば、史料として使える部分とそうでない部分を判断できる」などという見解もあるが、それは事実上不可能に近い。それは単に主観に過ぎず、自分の都合によって判断されているからである。「荒唐無稽な記述を除けばよい」などともいわれるが、それもやはり主観によって判断されるもので、「荒唐無稽」の基準があいまいである。

したがって、安易な二次史料の使用は慎むべきで、ましてや決定的な根拠が二次史料であるというのは、考えられないことである。

＊

以上の検証によって、怨恨説・不安説・野望説のどれもが根拠に乏しいため、謀反の理由としては成立し難いことが明らかになった。それでは、謀反の理由としては、他にはどのような理由が考えられるだろうか。次章は、黒幕説について検討しよう。

第二章
足利義昭黒幕説

足利義昭黒幕説とは

第一章では、怨恨説、不安説、野望説などを取り上げたが、いずれも信頼度が劣る二次史料に書かれており、一次史料で裏付けが取れないものばかりだった。常識的に考えても荒唐無稽な話ばかりであり、取るに足りない創作まがいのものと言わざるを得ない。

しかし、本章で取り上げる足利義昭黒幕説は、おおむね写《うつし》も含めた一次史料の検討に拠るもので、本能寺の変で光秀が信長を殺害した理由の有力説の一つとされている。

その背景には、元亀四年（一五七三）に義昭が信長によって京都から追放され、流浪の挙句、天正四年（一五七六）二月に備後鞆《とも》（広島県福山市）に押し掛けるという事情があった。義昭は毛利輝元《てるもと》の庇護下に入る一方、「打倒信長」と室町幕府の再興を悲願としていた。

義昭が各地の大名に挙兵を促した事実もあるので、その一人に光秀がいたと考えても不思議ではないのかもしれない。

足利義昭黒幕説は、その提唱者である藤田達生《たつお》氏が強く主張し続けている（藤田：二〇〇三など）。むろん、藤田氏への批判も多く、その論点は多岐にわたる。足利義昭黒幕説に関する史料の解釈もその一つである。本章では、足利義昭黒幕説に関する史料の解釈に論点を絞り、その妥当性を考えることにしたい。同時に、足利義昭黒幕説が妥当であるのかも検討したいと思う。

本来、鞆《とも》幕府（足利義昭が毛利氏を頼った際、現在の広島県福山市の鞆に作ったとされる幕府）の評価についても取り上げるべきだが、すでに拙著でも取り上げた経緯があり、ここでは省略する（渡邊：二〇一九）。結論を端的に言えば、多くの論者も指摘するように、鞆幕府の実態は藤田氏が高く評価するほどのものではないということである（水野：二〇一三）。単に形式的に幕府の体裁が整っているに過ぎない。

なお、藤田氏は「足利義昭黒幕説」という言葉を用いていないが、義昭が背後で光秀とつながって信長を討ったという意味で、以下、便宜的にそのように表記することにしたい。

『惟任謀叛記』の記述

一つ目の問題は、豊臣秀吉の御伽衆・大村由己の手になる『惟任謀叛記』の記述である。『惟任謀叛記』（桑田忠親校注『戦国史料叢書1　太閤史料集』人物往来社）は『惟任退治記』（『続群書類従』第二十輯下）ともいわれており、天正年間（一五七三〜九二）に成立した秀吉の伝記『天正記』の一部に含まれている。その書誌関係の事項は、すでに触れたとおりである。『惟任謀叛記』の記述で問題となっているのは、「公儀《こうぎ》」なる言葉である。そもそも「公儀」とは、武家に対する公家を意味したが、室町時代以降は武家を示すようになり，江戸時代には世間をも指すようになった。この時代に即していえば、将軍あるいは大名を意味する言葉でもあった。

次に、『惟任謀叛記』における、問題となった「公儀」に関わる箇所を原文と読み下しで掲出しておこう。

①惟任奉公儀、揃二万余騎之人数、不下備中而、密工謀叛。

②惟任（光秀）公儀を奉じて、二万余騎の人数を揃へ、備中に下らずして、密に謀叛を工《たくら》む。

「公儀を奉じて」は、「公儀を奉りて」でもよいだろう。改めて問題になるのは、「公儀」という言葉である。『惟任謀叛記』の校注者の桑田忠親氏は、この語について「信長の命令」と注記している。金子拓《ひらく》氏も『惟任退治記』の「公儀」を信長と解している（金子：二〇一四）。つまり、研究者の多くは、「公儀」を信長と捉えている。

しかし、藤田氏は文中の「公儀」を義昭と捉え、光秀は義昭を擁立して謀叛を起こしたという解釈を示した。その理由は、『惟任謀叛記』を含んだ『天正記』における信長の呼び方は「将軍」で統一されており、「公儀」と呼ぶ用例がないからで、そうなると、「公儀」は義昭以外にはないと述べている。藤田氏は「光秀が信長を奉じて……（信長に対する）謀叛をたくらむ」では文章的に不自然であると指摘する。

「公儀」は誰を指すのか

藤田氏の「公儀」の解釈について、具体的に反論したのが谷口克広氏（谷口：二〇〇七）と桐野作人《さくじん》氏（桐野：二〇〇七）である。谷口氏は「公儀」の語について、義昭ではなく信長を意味すると反論した。同じく桐野氏も信長を「公儀」と呼んだ事例を掲出し、『惟任謀叛記』の「公儀」も信長を示すと主張すると指摘した。

ただし、谷口氏は藤田氏が示した「公儀」の用例を認めており、『天正記』のなかで信長の意志は「上意」「下知」が用いられ、「公儀」を用いた例はない点に同意した。その一方で、谷口氏は信長を「公儀」と称した文書を挙げ、それを根拠にして信長が「公儀」と称された例があることを示し、『惟任謀叛記』の「公儀」は信長を示すと反論した。「公儀」が信長を示す例について、次に、天正八年八月廿三日菅屋長頼判物写を掲出しておこう。

羽喰《はくい》（咋）郡の儀、土肥但馬守知行について、一宮気多《けた》社造営分・社務分・目所々の免田《めんでん》当知行分、但馬方相落さるべしと雖も、拙者相理《こと》わるの条、前々のごとく、相違すべからず候、猶もって公儀を得べき間は、一切の借物、その沙汰あるべからざる者也、仍って件の如し、

天正八　　菅屋九衛門尉

八月廿三日　　長頼《ながより》（花押影）

一宮惣中

※『加能古文書』（奥野高廣『増訂織田信長文書の研究　下巻』）。

羽咋《はくい》郡末森城主の土肥親真《ちかざね》は、もともと上杉景勝に属していたものの、やがて信長に与した。羽咋郡は土肥親真が知行《ちぎょう》していたが、気多《けた》社（石川県羽喰市）の造営分・社務分などの当知行が没収された。しかし、菅屋長頼は理由を申し述べて、以前のように知行できるよう

信長の許可（＝公儀）を得るので、神社の一切の借物について処置をしてはならないと命じている。ここに出てくる「公儀」は、信長以外にあり得ない。

「将軍」という表記

その後、藤田氏は『惟任謀叛記』のなかでは信長を一貫として「将軍」と表記しており、「公儀」とは書いていないという、これまでと同様の趣旨で、谷口氏の見解に反批判した（藤田：二〇一〇）。同書のほかの箇所では信長を「将軍」と記しているにもかかわらず、一ヵ所だけの「公儀」が信長であるというのは、矛盾するというのである。また、光秀が信長を主君として戴いているのは当然であり、先述したとおり信長を主語とした現代語訳は不自然であると指摘する。

私見では、藤田氏は「公儀」を義昭しかいないとするが、逆に「公儀」を義昭にすると文意が取りにくい。藤田氏は「公儀」を義昭とみなして「光秀は、将軍足利義昭を推戴《すいたい》し、二万余騎の軍勢を編成して、備中に向かわずに、密かにクーデターを企てた。（以下略）」と現代語訳している。

しかし、軍勢を編成して備中に向かえと命じたのは、信長であり義昭ではない。よって、「公儀」は信長でないとやはり意味が通じない。藤田氏の訳では、当初から光秀が義昭を推戴して、備中に向かう予定だったように読める。実際はそうでなく、二万の軍勢を揃えたのは信長のためだったが、最終的に光秀は備中に向かわず、本能寺で謀叛を起こしたのである。

藤田氏が指摘するように、『惟任謀叛記』では一貫して信長を「将軍」と表記しているが、これはあくまで信長個人を意味すると考える。つまり、信長＝「将軍」である。信長の意志は「上意」「下知」と書かれているが、ほかに「御諚《ごじょう》」もある。「御諚」というのは、信長の命令である。しかし、その用い方に注意すべきだろう。

バリエーションに富んだ表現

大村由己の著『播磨別所記』（『天正記』の一冊）には、「則《すなわ》ち、京都に馳せ上り、上意を請い」と書かれている。上意とは、信長の意向である。この場合、「上意」の代わりに「公儀」を入れるのには難がある。あるいは『惟任謀叛記』にも「上意を得奉るのところ」とあるが、こちらも「公儀」に置き換え難い。信長の意志は「上意」「下知」などで表現されているのはたしかだが、それは文脈によるということに注意すべきだろう。

信長や信長の意向を示す言葉はバリエーションに富んでおり、文脈に合わせて用いられていたといえる。「惟任（光秀）公儀を奉じて」の場合では「上意を奉じて」ではしっくりこないので、「公儀を奉じて」としたに過ぎないと考える。先述のとおり、光秀は義昭を推戴して備中に行こうとしたのではなく、あくまで信長の命を受けた点に注意すべきではないだろうか。

結論を述べると、『惟任謀叛記』「公儀」とは信長個人というよりも、「信長の意向」ということになろう。実際に信長は、光秀と同道していないからである。つまり、「惟任（光秀）公儀を奉じて」の部分は、正確に言えば「光秀は信長の意を奉じて」と解釈でき、そのほうが意味が通じやすい。谷口氏も信長が「公儀」と称された史料をいくつも挙げているので、この場合は信長以外にあり得ないだろう。

噛み砕いて先の史料を解釈すれば、「光秀は信長の意を奉じて二万騎の兵を揃え（たが）、実際には備中に下ることなく、密かに謀叛を企てた」ということになる。二万騎の兵を集めたのは決して義昭のためではなく、そもそも信長の命令だったのである。

いずれにしても、『惟任謀叛記』は二次史料であり、さほど重要視する必要はなく、足利義昭黒幕説を補強する材料とはならないだろう。

『覚上公御書集』などの解釈

二つ目の問題は、『覚上公御書集《かくじょうこうごしょしゅう》』（臨川書店）、『歴代古案』（八木書店）の直江与六（兼続）宛て天正十年（一五八二）六月三日付河隅忠清《かわすみただきよ》書状の解釈である。次に、史料（『覚上公御書集』）を掲出するが、長文なので関係部分のみに限った。

（前略）
一昨日、須田相模方より召仕の者罷り越し、才覚申す分は、明智の所より魚津まで使者指し越し、御当方無二の御馳走申し上ぐべき由《よし》、申し来り候と承り候、実儀候はば、定めて須田方より直に使を上げ申さるべく候、将又《はたまた》推参し至極申す事御座候えども、そこ元の儀大方御仕置仰せ付けられ候はば、早速御馬を納められ、能・越両州御仕置これを成され、御もっともの由、存じ奉り候、この旨よろしく御披露に預かるべく候、恐々謹言、
（追而書略）
（天正十年）
六月三日　　河隅越中守
　　　　　　　　忠清
直江与六殿

解釈に移る前に、この史料の日付について述べておこう。『覚上公御書集』には右のとおり六月三日とあるが、『歴代古案』には日付と宛名がない。伝記史料の伊佐早謙《けん》編『上杉景勝卿記』（一九一六）は日付が六月四日で宛名を欠き、同伊佐早謙編『従三位権中納言　上杉景勝卿記』（一九三三）は五月四日で宛名を欠いている。原本が残っていないだけに、非常に厄介な史料である。

史料の発給された背景はのちほど説明するとして、藤田氏はこの史料を次のように解釈した。（藤田：二〇〇三）

六月一日に、須田満親《みつちか》の奉公人が私（越後春日山城の河隅忠清）のもとに遣わされました。その者が才覚をめぐらせて言うには、「光秀方の使者が魚津まで派遣され、『上杉家が我が陣営に対して最大限のご奔走を申し上げてほしい』とのことである」と私（河隅忠清。筆者注）は承りました。実際に事がなりましたら、必ず満親から直接そちらに使者が派遣されるでありましょう。あるいはまたこちらから出向いて、ぜひとも申したいことがございますが、そちら（北信濃）での仕置きを大方命ぜられたならば、早速御帰陣なされ、能登・越中両国の仕置きをなさるのがもっともであると存じ上げます。

藤田氏は、本能寺の変の前日以前に書状が上杉方に届いているのだから。謀反を起こす予告をしていたと指摘する。情報伝達には十日前後かかるだろうから、五月上中旬頃にはもたらされていた可能性があろう。次に史料の発給された、当時の時代背景などを考えてみよう。

史料の時代背景

上杉家では、すでに謙信の時代から織田家と対立していた。天正六年（一五七八）三月に謙信が亡くなり、家督をめぐって御館《おたて》の乱が勃発すると、謙信の二人の養子の景勝《かげかつ》と景虎《かげとら》が対決した。結果、景勝の勝利に終わり、上杉氏の家督を継承した。しかし、上杉家は混乱が続き、北越後の新発田重家《しばたしげいえ》が景勝に反旗を翻し、織田信長に与した。天正十年三月には同じ反織田の武田氏が滅亡したが、同時期に上杉氏も信長軍と交戦していた。

同年三月十一日、柴田勝家らの織田方の諸将は、上杉方の魚津城（富山県魚津市）を攻撃した。魚津城は松倉城（同上）、天神山城（同上）とならぶ、越中における上杉方の拠点であり、松倉城代は須田満親が務めていた。五月四日、景勝は春日山城（新潟県上越市）を出発し、天神山城へ後詰《ごづめ》に入ったが、五月二十六日に春日山城へ帰還した。織田方による信濃からの越後侵攻、あるいは国内領主の反乱を恐れたからである。

結果、魚津城は持ち堪えることができず、六月三日に落城したのである。本能寺の変の翌日である。

『覚上公御書集』の書状は、そのような混乱したなかで、直江兼続の側近・河隅忠清から直江兼続に送られたものである。改めて、情報のルートを確認すると、明智光秀→須田満親→河隅忠清→直江兼続を経て、最終的に兼続が景勝に披露したのである。もう少し、書状の内容を分析してみよう。

どちらが「馳走」するのか

藤田氏の史料の解釈については、いくつかの疑義が提示されている。藤田氏は史料中の「御当方無二の御馳走申し上ぐべき由、申し来り候と承り候」の部分について、「『上杉家が（我が陣営に対して）最大限のご奔走を申し上げるべきである』とのことである」と解釈を行っている。つまり、光秀の申し出は、信長と戦っている最中の上杉氏に対して、「我が陣営」（＝光秀・義昭）に馳走命じることだった。

ところが、藤田氏の見解を批判した藤本正行氏は、違う解釈を行っている（藤本：二〇一〇）。現代語訳するならば、「（光秀が）上杉家に対して最大限のご馳走をしたい」ということである。史料中の「由《よし》」とは、光秀の意向にほかならない。仮に光秀・義昭方に馳走を申し出るならば、「御当方に対し」などの表現になるであろうし、あるいは将軍を指す「公儀」を用いて、「公儀に対し」という表現になると指摘している。もし仮に、光秀が義昭を推戴しているならば、後者のほうがふさわしい。

ただし、馳走の具体的な中身はよくわからない。普通に考えると、援軍を送り込むことだが、光秀にそのような力があったとは思えない。あえて推測するならば、光秀が馳走を申し出ることにより、上杉家の助力を得たいと考えたのだろう。

何よりも、六月三日というのは魚津城が落城した日であり、五月以降は厳しい状況にあった。そのような最中に、光秀が上杉方の河隅氏に義昭への馳走を命じるような伝達をするだろうか。したがって、素直にこの史料を読むならば、馳走をするのは上杉家ではなく、光秀だったということになる。

日付の問題

次に問題となるのが、日付の問題である。先述のとおり、この史料は原本が残っておらず、伝わった写も日付がまちまちであったり、欠けていたりする。日付については、当時の状況を踏まえつつ考えるしかないだろう。その点も、先の藤本氏や谷口氏の見解が参考になる。

本能寺の変後の六月六日夜、六月九日付景勝の書状（遊足庵宛）によると（「平木屋文書」）、越中に進駐していた織田方の軍勢が撤退したという（石崎：二〇〇五）。六月八日付景勝の書状（色部長実《いろべながざね》宛）によると（「色部文書」）、撤退した理由は、上方に「凶事」が起こったからと記されているが、具体的な中身は書かれていない。これにより、越中の戦況が好転したのはたしかである。

六月九日付景勝の書状（遊足庵宛）を読むと、上杉方は的確な情報を摑んでいないことが明らかである。たとえば、羽柴（豊臣）秀吉が毛利氏に包囲され、討ち取られてしまったこと、秀吉の援軍に駆け付けた信長が撤退しようとしたが、甥の津田信澄によって切腹に追い込まれたことが書かれている。実は、景勝自身も「実儀候哉《じつぎそうろうや》（本当なのか）」と書いており、それが事実なのか嘘なのか、判断をしかねているのである。このように、本能寺の変の正しい情報を持たない上杉氏が、光秀と結託しようもないのは、当然のことと言えるだろう。

谷口氏によると、本能寺の変を知った織田方の武将たちは次々と信濃を引き上げ、景勝は信濃の国衆に判物《はんもつ》を与えた（『上杉家御年譜』所収文書）。それらの日付を確認すると、景勝が信濃に入国したのは、六月十三日から十五日頃と指摘している。その頃には、すでに須田満親が魚津城の奪還に成功していた。谷口氏は、問題となる『覚上公御書集』の書状は、その時期に到来したのではないかと考えている。藤本氏も、本能寺の変後であると推測している。
谷口、藤本両氏が指摘するように、本能寺の変以前に光秀が上杉方へ書状を送り、味方になるよう命じたということは考えにくい。書状の日付は、信長の死を知った織田方の軍勢が越中や信濃から撤退を開始した、六月六日以降と考えるのが自然なようである。光秀は越中や信濃の織田方の撤退を知っていたか、予想したであろうから、自ら上杉氏に馳走を申し出ることによって、彼らの上洛を遅らせるための時間稼ぎをしようと考えたのだろう。

「本法寺文書」の解釈

三つ目の問題は、「本法寺文書」(『大日本史料』第十一編之二)の乃美兵部丞《のみひょうぶのじょう》宗勝宛て天正十年(一五八二)六月十三日付足利義昭御内書《ごないしょ》をめぐる藤田氏の解釈である。次に、史料を掲出しよう。

信長討ち果たす上は、入洛の儀、急度《きっと》御馳走の由、輝元・隆景に対し申し遣わす条、此節いよいよ忠功を抽んずべき事肝要、本意においては恩賞すべし、仍肩衣《かたぎぬ》・袴これを遣わす、猶昭光・家孝申すべく候也、

六月十三日〔天正十年〕

（義昭花押）

乃美兵部丞とのへ

この御内書について藤田氏は「信長を討ち果たしたうえは、上洛の件を進めるよう毛利輝元、小早川隆景に命じたので、いよいよ忠功に励むことが肝要である……」と解釈した。冒頭で示した「信長討果上者」を「信長を討ち果たしたうえは」と解釈することにより、義昭が光秀に命じて信長を討ち果たしたことと考える（藤田：二〇一〇）。そして、上洛について輝元、隆景に協力を依頼し、実現した場合は恩賞を遣わすと述べ、そのことを乃美氏に託したのであるという。

安土城考古博物館編刊『平成十三年度秋季特別展図録　是非に及ばず—本能寺の変を考える—』の当該文書の解説では、「本文中「信長討果上者」というように、自ら信長打倒の首謀者であることを宣言しており、この御内書は義昭が変を計画していたことを直接的に示した資料ということができる」と藤田氏の説に賛意を示している。

一方で、「ただこうした文書は変に便乗しての虚言とみることもでき、周辺資料を含めての詳細な検討が必要であろう」と一定の留保を示している。矛盾する見解であるが、これは『平成十三年度秋季特別展　是非に及ばず—本能寺の変を考える—』に藤田氏が論文を寄稿していたので、解説と寄稿した内容（あるいは藤田氏の説）との食い違いを避けるための配慮だったのだろうか。詳細は不明である。

異なった意見

「信長討果上者」には、もちろんいくつかの見解がある。

奥野高廣氏は「毛利氏の将乃美宗勝にたいし、信長を討ちはたしたうえは」と解釈したうえで、当該文章の割書きで「義昭が討ちはたしたのではない」と注記している（奥野：一九六〇）。奥野氏は光秀が信長を討ったのだが、あたかも義昭が討ったかのように書いていると考えたのだろう。あるいは、義昭が討ったのではないのが自明なので、そう解釈した可能性もある。

加えて、谷口克広氏の反論があり、「信長討果上者（原文）」を「信長討ち果つる」と読み下し、「信長が討ち果たされたうえは」と解釈すべきと指摘する（谷口：二〇〇七）。義昭が光秀に命じて討たせたというよりも、信長が本能寺の変で横死した情報を義昭が得たという解釈になり、義昭が光秀と結託していたという解釈ではない。そうなると、やはり義昭と光秀との共謀という説は、成り立ち難いと述べる。

谷口氏の批判に対しては、その後になって、さらに藤田氏の反批判が提出された（藤田：

二〇一〇)。天正十年に比定される小早川隆景書状写(『萩藩閥閲録《ばつえつろく》』)には、「討果」の語が二回出てくるが、いずれも「討ち果たす」と読む。藤田氏は専門家に聞いた意見として、「討」は補語(目的語)を取る他動詞としての用法しかなく、平安、鎌倉期の用例や辞書を見ても、自動詞として読んでいる例はないと指摘する。つまり、「討ち果つる」ではなく、「討ち果たす」と読むしかないと指摘する。

右の例に限らず、ほかの用例を見ても「討果」を「討ち果つる」と読むのには無理がある。この点は、藤田氏の言い分が正しいだろう。ただ、「信長討果上者(原文)」の読みは置くとしても、これはやはり修辞、つまり義昭があたかも信長を討ったかのような印象を与えるための表現と考えるべきだろう。

ほかの事例を探る

たとえば、天正十年に比定される十一月二日付の島津義久宛の足利義昭御内書には、「今度織田の事、天命を遁《のが》れ難く、自滅せしめ候」と書かれている(「島津家文書」)。信長は天命を逃れることができず、自滅してしまった(光秀に討たれてしまった)というのである。本義昭が信長を討ったとは書かれていない(あるいは光秀に命じて信長を討たせたとも)。本能寺の変が終わってから、約五ヵ月後の史料である。

こちらは明らかに修辞のようなもので、悪人の信長は天に裁かれたとでも言いたげである。ことがすべて終わったのだから、もし義昭が光秀に命じて信長を殺したならば、この時点で堂々と述べるべきだろう。そのほうが、味方が集まりやすい。しかし、そのことを書かなかったのは、少なくとも義昭が討ったのではなく、ましてや光秀に命じて討たせたからでもなかったからではないだろうか。

いずれにしても、義昭は毛利氏の庇護下にあって、虎視眈々と上洛を目論んでいたのはたしかだろう。その義昭が毛利氏に光秀との関係を黙っていて、いきなり光秀による信長討ちに自身があたかも関与していたかのように言うのは解《げ》せない。それならば変の直後、もっと早く光秀と呼応して、早々に毛利氏とともに上洛すべきである。

そもそも「信長討果上者」という、たった一つの文言だけで、義昭が本能寺の変に関与したと結論付けるのは、あまりに拡大解釈すぎる。

ただし、次に取り上げる史料と関連して考えるならば、苦境に陥った光秀が態勢を整えるべく、変後に義昭に上洛を要請した可能性は大いにある。

「美濃加茂市民ミュージアム所蔵文書」の解釈

問題になるのが、土橋平尉《つちばしへいい》（重治。紀州雑賀《さいか》の土豪）宛て天正十年（一五八二）六月十二日付明智光秀書状（「美濃加茂市民ミュージアム所蔵文書」）の解釈である。こちらは東京大学史料編纂所架蔵影写本「森家文書」で知られていたが、近年になって原本が出現した。この書状は、美濃加茂市民ミュージアムが所蔵しているので（http://www.forest.minokamo.gifu.jp/data_box/komonjyo/14.cfmに掲載）、同ミュージアム所蔵の原文を次に掲出しておきたいと思う。

次の引用は「平成二十九年九月六日美濃加茂市民ミュージアム所蔵「(天正十年)六月十二日付光秀書状」資料　三重大学教育学部教授　藤田達生作成。http://www.mie-u.ac.jp/R-navi/release/cat713/post-7.html）および藤田論文（藤田：二〇一七）により、（平出《へいしゅつ》：貴人の名前などに敬意を表し、行替えすること）以外のカッコ書はすべて削除した。

（天正十年）六月十二日付明智光秀書状

尚以、急度御入洛義、御馳走肝要候、委細為　上意、可被仰出候条、不能巨細候、

如仰未申通候処ニ、

（平出）上意馳走被申付而示給快然候、然而、
（平出）御入洛事、即御請申上候、被得其意、御馳走肝要候事、
一、其国儀、可有御入魂旨、珍重候、弥被得其意、可申談候事、
一、高野・根来・其元之衆被相談、至泉・河表御出勢尤候、知行等儀、年寄以国申談、
後々迄互入魂難遁様、可相談事、
一、江州・濃州悉平均申付、任覚悟候、御気遣有間敷候、尚使者可申候、恐々謹言、
（天正十年）六月十二日　光秀（花押）
雑賀五郷
土橋平尉殿
御返報
（包紙）
「　　惟任日向守
光秀
雑賀五郷
土橋平尉殿
御返報　」

なお、美濃加茂市民ミュージアムのＨＰの解説では、急度を「受衆《うけしゅう》」と読む可能性を示

唆しているが、後述するように「受衆」は意味が不明で、字体もそうは読めない。宛名の土橋平尉は実名を重治といい、紀伊雑賀（和歌山市）における反信長派のリーダー格の土豪だった。本能寺の変の直後、重治は信長方勢力の鈴木重秀（雑賀孫市）らを掃討し、重秀は岸和田城に逃れた。つまり、この書状は同じ反信長派の光秀と重治が結び、義昭の上洛を助けようとした内容のものなのである。以下、詳しく検討しよう。

藤田氏による読み下し文と現代語訳

次に、藤田氏による読み下し文を提示しておく。なお、問題点を絞るため、一つ書き（箇条書き）の部分は省略した。

〔読み下し文〕
仰せの如く、いまだ申し通《つう》ぜず候ところに、
（平出）上意馳走申し付けられて示し給い、快然に候、然れども
（平出）御入洛の事、即ち御請け申し上げ候、その意を得られ、御馳走肝要に候事、
（追而書《おってがき》）
なおもって、急度御入洛の義、御馳走肝要に候、委細（闕字）上意として、仰せ出さ

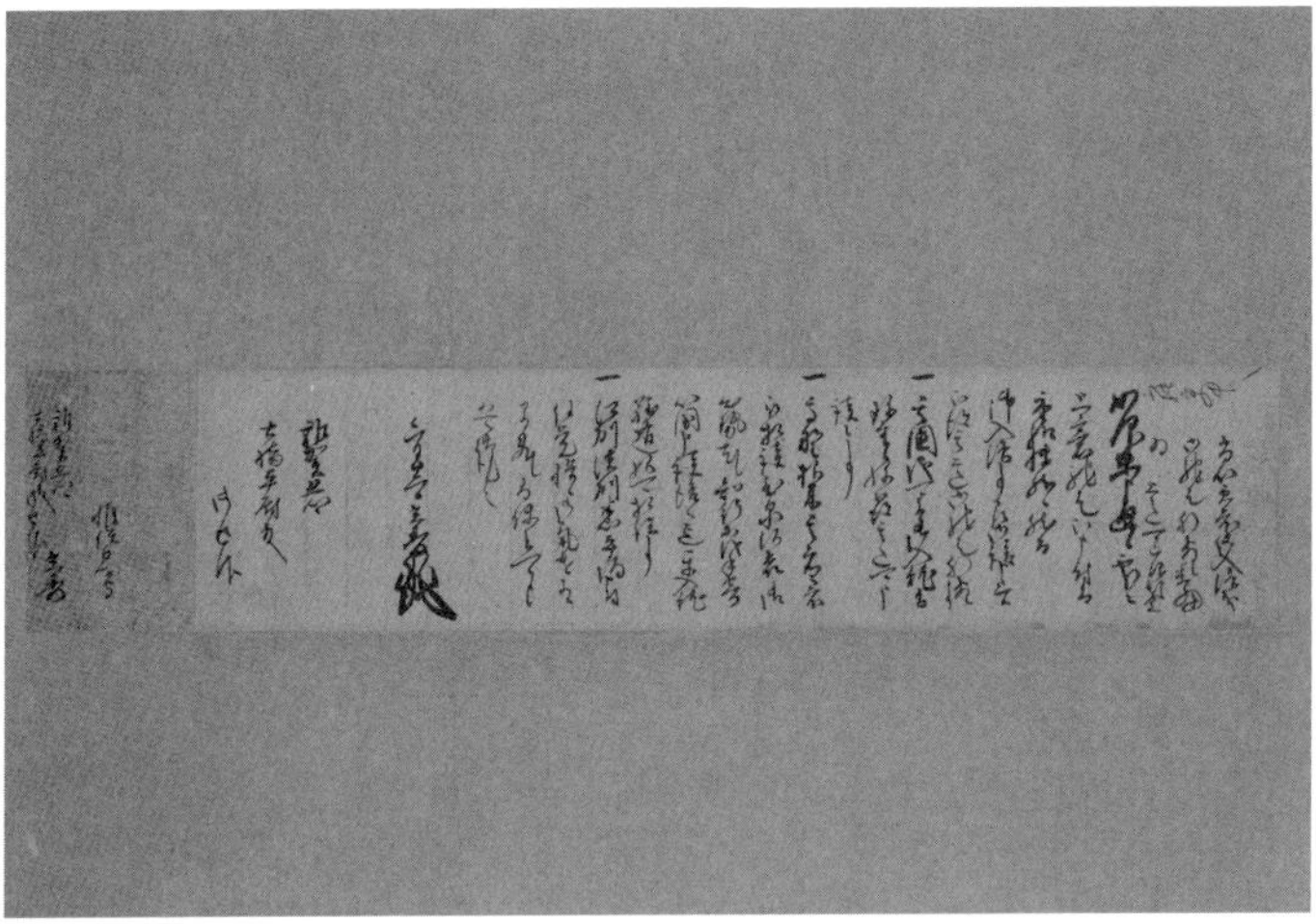
明智光秀書状／宛所 土橋平尉（重治）：美濃加茂市民ミュージアム所蔵

るべく候条、巨細あたわず候、

次に、藤田氏による現代語訳を提示しておく。なお、問題点を絞るため、一つ書きの部分の現代語訳は省略した。

〔現代語訳〕

仰せのように、いままで音信がありませんでしたが（初信であることを示す慣用表現）、上意（将軍）への奔走を命じられたことをお示しいただき、ありがたく存じます。しかしながら（将軍の）ご入洛の件につきましては、既にご承諾しています。そのようにご理解されて、（将軍に）ご奔走されることが肝要です。

（追而書）

なお、必ず（将軍の）ご入洛のことに

ついては、ご奔走されることが大切です。詳細は上意（将軍）からご命じになられ（る）ということです。委細につきましては、（私からは）申し上げられません（カッコ内の「る」のみ筆者が補った）。

以上が藤田氏による読み下し文と現代語訳である。

美濃加茂市民ミュージアムの読み下し文と現代語訳

ところで、美濃加茂市民ミュージアムのＨＰの同史料の解説（http://www.forest.minokamo.gifu.jp/data_box/komonjyo/files/H19912.pdf）を閲覧すると、明らかに内容が異なった読み下し文と現代語訳が提示されている。次に掲出する。なお、問題点を絞るため、一つ書きの部分は省略し、読み下し文はカッコ書きで（平出）を補った。

〔読み下し文〕

仰せのごとくいまだ申通《かよ》わず候処に、

（平出）上意馳走申されるに付いて示し給わり快然に候、然るに

（平出）御入洛の事即ち御請申し上げ候、其の意を得られ御馳走肝要に候事、

（追而書）

尚以って急度（もしくは「受衆」）御入洛の儀御馳走肝要に候、委細上意として仰せ出さるべく候条、巨細能わず候、

〔現代語訳〕

仰せのように今まで手紙のやりとりがないところでしたが、（雑賀たちが）将軍の味方をするという、（雑賀から）手紙をもらって嬉しく感じます。（将軍の）入洛（京へ入ること）のことを私（光秀）が了解したので、その（私の）気持ちを踏まえて尽力することが大事です。

（追而書）

急な御入洛のこと、援助や味方が大事です。詳しいことは将軍がおっしゃいますから、詳しくは述べません。

ここで、省略した一つ書きの内容に触れておこう。

一条目は、その国（紀州など）で（土橋平尉らが）尽力していることはありがたい。義昭の上洛という意向を踏まえ、よく相談すること、という意である。

二条目は、高野、根来、雑賀衆は相談して、和泉、河内に出向くのはもっともなことです。知行などのことは年寄が国をもって相談し、のちのちまで互いに心を通わせ、仲違いしないよう相談すること、という意である。

三条目は、近江や美濃の平定を申し付け、自分の思うとおりになった。ご心配は不要です。なお、使者が申します、という意である。

光秀が協力してくれた土橋平尉らに感謝の気持ち、知行のこと、現状を報告していることがわかる。

先述のとおり、美濃加茂市民ミュージアムの読み下し文と現代語訳は、藤田氏のものと微妙に異なっている。その点を踏まえて、次に改めて考えてみよう。

読み下し文の検討

両者が示した読み下し文について考えてみよう。改めて書状の冒頭部分の原文を掲出すると、次のとおりである。

如仰未申通候処ニ、

（平出）上意馳走被申付而示給快然候、然而
（平出）御入洛事、即御請申上候、被得其意、御馳走肝要候事、

藤田氏は、この部分を「仰せの如く、①いまだ申し通ぜず候ところに、（平出）②上意馳走申し付けられて示し給い、快然に候、③然れども（平出）御入洛の事、即ち御請け申し上げ候、その意を得られ、御馳走肝要に候事」と読み下す。

また、美濃加茂市民ミュージアムは、この部分を「仰せのごとく④いまだ申通わず候処に、（平出）⑤上意馳走申されるに付いて示し給わり快然に候、⑥然るに（平出）御入洛の事即ち御請申し上げ候、其の意を得られ御馳走肝要に候事」と読み下す。相違点は、傍線部になろう。

まず、①と④の相違点であるが、これは①が正しい。「申し通ず」には、「互いに通じ合う。親しく往来して交際する」という意味がある。次に、先に③と⑥の相違点であるが、こちらは③でも⑥でもなく、「然して」が正しいのではないだろうか。後述するとおり、「然して」には、「そして」「それから」という意味がある。「然れども」は、「しかしながら」など逆説の意をあらわす。「然るに」も同じことで、いずれにしても意味が通じにくいのが問題である。

最後に、②と⑤の相違点であるが、これは現代語訳の問題にもかかわってくるが、②には賛同し難い。

②の「上意馳走申し付けられて示し給い」では、「上意（将軍）への奔走を命じられたことをお示しいただき」という現代語訳になり、「上意（将軍）への奔走を命じられた」のは光秀になる。そのことを光秀は感謝したと解釈する。ただし、「付而」は⑤のとおり、「ついて」と読むのが正しく、土橋平尉が上意（＝義昭）に馳走すると申し述べたことを光秀に伝えたので、光秀がうれしく思ったということになろう。

したがって、この部分の読み下しは、⑤の「（平出）上意馳走申されるに付いて示し給わり、快然に候」のほうが正しいと考える。が、「申される」ではなく「申さる」とすべきである。

現代語訳の相違点について①

藤田氏は「仰せのように、いままで音信がありませんでしたが（初信であることを示す慣用表現）、①上意（将軍）への奔走を命じられたことをお示しいただき、ありがたく存じます。②しかしながら（将軍の）ご入洛の件につきましては、既にご承諾しています。③そのようにご理解されて、（将軍に）ご奔走されることが肝要です」と解釈する。

美濃加茂市民ミュージアムは「仰せのように今まで手紙のやりとりがないところでしたが、④（雑賀たちが）将軍の味方をするという、（雑賀から）手紙をもらって嬉しく感じます。

⑤（将軍の）入洛（京へ入ること）のことを私（光秀）が了解したので、⑥その（私の）気持ちを踏まえて尽力することが大事です」と解釈する。

まず、①と④の相違点であるが、①について言葉を補って解釈すると「（土橋平尉が）上意（将軍）への奔走を命じられたことを（光秀に）お示しいただき、（光秀は）ありがたく存じます」ということになる。④は冒頭の部分が「（雑賀たちが）将軍の味方をするという」になっているが、土橋平尉が義昭の味方をする点では同じことで、読み下しは違うが、おおむね両方の現代語訳に大差はないと考えてよいだろう。

筆者は先述のとおり、⑤の「上意馳走申されるに付いて示し給わり快然に候」と読み下すのが正しいと考えるので、「（土橋平尉が）上意（義昭）のために馳走（奔走）するとの申し出を（光秀に）示していただいたので、（光秀が）うれしく思っております」と解釈すべきと考える。快然には「心地よい」などの意があるので、「うれしい」「喜ばしい」と訳したらよいだろう。なお、⑤では「上意馳走申される」と読み下しているが、先述のとおり「上意馳走申さる」が正しい。

現代語訳の相違点について②

次に、②と⑤の相違点であるが、「御請（おうけ）」に「承諾」の意があることから、光秀が義昭の上洛を許可したような現代語訳になっているが、光秀が義昭の上洛を承諾するような問題ではない。多少の言葉を補う必要があるだろう。意訳になるが、「義昭の上洛に協力することを（光秀が）即座に承諾しました」のほうがいいように思う。光秀が承諾したのは、義昭の上洛に際して、協力するということなのである。

あるいは、「御請（ごせい・ごしょう）」と読み、「義昭の上洛はまさに（光秀が）希《ねが》っている旨を申しました」という可能性もある。味方に恵まれず、苦境に陥っていた光秀にとって、義昭の上洛は待望のことだった。光秀が義昭を擁立して、味方を募ろうとしたと考えることも不自然ではない。

なお、山本博文氏は「然而（しかして）」を辞書的に逆説の意味と捉える必要はなく、「さて」くらいの意でよいと指摘する（山本：二〇一三）。山本氏は具体的に史料の具体例を挙げており、「然而（しかして）」に強い逆説の意を持たせる必要はないと指摘する。『日本国語大辞典　第二版』（小学館）では、「然して」もしくは「而して」を挙げて、「そして」「それから」という並列または添加の意味を提示している。

この部分を私なりに解釈するならば、「そのようなことなので、義昭の上洛に協力することを即座に承諾しました」（あるいは「（義昭の）御入洛のことは、まさに（光秀が）希っている旨を申しました」）という意になる。

最後に、③と⑥の相違点であるが、こちらも微妙に異なっている。③は「その意を得られ」を「そのようにご理解されて」と「意」を発した主体をぼやかしている。⑥は「その（私の）気持ちを踏まえて」と解釈し、「意」を発した主体を「私」＝「光秀」と解釈している。しかし、光秀の意では意味が通じにくい。光秀は義昭の上洛に賛同し、土橋平尉に協力を求めているに過ぎない。そうなると、「意」を発した主体は義昭でなければならないはずである。この部分を私なりに解釈するならば、「（義昭が上洛するという）意向を踏まえ、（土橋平尉が）馳走することが肝要です」という意になろう。

現代語訳の相違点について③

最後に、追而書《おってがき》の部分を確認しておこう。藤田氏は「なおもって、急度御入洛の義、御馳走肝要に候、委細（闕字）上意として、仰せ出さるべく候条、巨細あたわず候」と読み下している。

一方の美濃加茂市民ミュージアムのＨＰでは「尚以って急度（もしくは「受衆」）御入洛の儀御馳走肝要に候、委細上意として仰せ出さるべく候条、巨細能わず候」と読み下すが、先述のとおり急度を「受衆」とは読めない。「受衆」の部分を除くと、読み方には相違がみられない。

受衆とは、藤田氏が立花京子氏の助言を得て、提唱したものである。意味は、「（義昭からの与同《よどう》要請を）受諾した諸勢力（が入洛する）」ということである。この点は、谷口氏が指摘しているとおり、影写本の字体の段階でも「急度」としか読めず、原本でも同様である。加えて、「御入洛」は義昭の行為を意味するので、義昭に加担した勢力が入洛すると解釈するのは誤りといえよう。

次に現代語訳であるが、藤田氏は「なお、必ず（将軍の）ご入洛のことについては、ご奔走されることが大切です。詳細は上意（将軍）からご命じになられ（る）ということです。委細につきましては、（私からは）申し上げられません」（カッコ内の「る」のみ筆者が補った）とする。一方の美濃加茂市民ミュージアムのＨＰでは「急な御入洛のこと、援助や味方が大事です。詳しいことは将軍がおっしゃいますから、詳しくは述べません」と現代語訳する。

少しわかりづらいので、私なりに現代語訳すると「なお、将軍の入洛の際には、（土橋平尉が）馳走することが肝要です。詳しいことは、将軍から仰せになるので、私（光秀）からは詳しく申しませんというということになろう。「急度」には「急な」という意味はなく、「必ず」といった意がある。強いて意訳するならば、「必ず将軍が上洛されるから」と解釈できるだろう。この部分は、わかりやすく言い換えただけで、だいたいの意味は藤田氏らと同じである。

史料をめぐる識者の評価

美濃加茂市民ミュージアム所蔵（天正十年）六月十二日付明智光秀書状が紹介されてから、藤田氏以外に論及した論文は特に管見の限りでは見当たらなかった。しかし、『産経デジタル』平成二十九年九月十二日付の記事「書状原本発見で「動機」めぐり議論白熱――新資料発見で専門家」には、識者からコメントが寄せられている（ＨＰで閲覧。https://www.iza.ne.jp/kiji/life/news/170912/lif17091212000009-n1.html）。以下、引用しておく。

大阪城天守閣の北川央《ひろし》館長も「戦国時代に入ると、足利将軍が京都を追われることはよくあった。本能寺の変まで、義昭、信長の2つの公儀が併存していたのは確かだ」と同意する。

これに対し、天理大の天野忠幸准教授（戦国時代史）は、「義昭は信長に追われ、毛利氏に庇護されていたが、反信長派大名などに幕府再興を働きかけていた。光秀は義昭に仕えた時期もあり、義昭を戴《いただ》く政権をつくることに最後の希望をかけたのだろう。ただ、義昭が変の黒幕だったとまでは言えないのではないか」と疑問を投げかける。

また本能寺の変に関する著書がある歴史学者、藤本正行氏も「義昭が光秀と連絡を取るために重治を使う必要があったことを示す書状でしかなく、光秀の孤立無援を印象づけている。『義昭黒幕説』など成り立たない」と否定する。

高知大の津野倫明教授（日本中世史）は「光秀が義昭や西国の大名と連携していたかどうかは魅力的な視点で、原本の発見により議論が白熱するのではないか」と期待をかけた。

北川氏が同意したのは、同じ記事中の藤田氏の「(信長に追放された) 天正元（一五七三）年をもって室町幕府滅亡とされるが、書状は幕府の権威が健在だった事実を突きつけている」というコメントに対してである。

天野氏の見解は光秀が室町幕府を再興し、光秀が政権に参画して自らの立脚点を作ろうとしたという意であろう。結論としては、足利義昭黒幕説に疑問を投げ掛けている。藤本氏は、これまでどおり明確に「義昭黒幕説」を否定する。

読み下し文と現代語訳の私見

ここまで藤田氏と美濃加茂市民ミュージアムのＨＰの読み下し文と現代語訳を検討してきたが、私見を提示すると、次のようになる。

〔読み下し文〕
仰せの如く、いまだ申し通ぜず候ところに、
（平出）上意馳走申さるに付いて示し給わり、快然に候、然して、
（平出）御入洛の事、即ち御請申し上げ候、その意を得られ、御馳走肝要に候事、
（追而書）
尚もって、急度御入洛の義（儀）、御馳走肝要に候、委細上意として、仰せ出さるべく候条、巨細あたわず候、

〔現代語訳〕
仰せのように、これまで互いに連絡はありませんでしたが、（土橋平尉が）上意（義昭のために馳走（奔走）するとの申し出を（光秀に）示していただいたので、（光秀が）

うれしく思っております。そのようなことなので、（光秀は）義昭の上洛に協力することを即座に承諾しました（あるいは「（義昭の）御入洛のことは、まさに（光秀が）希っている旨を申しました」）。（義昭が上洛するという）意向を踏まえ、（土橋平尉が）馳走することが肝要です。

（追而書）

なお、将軍の入洛の際には、（土橋平尉が）馳走することが肝要です。詳しいことは、将軍から仰せになるので、私（光秀）からは詳しく申しません。

つまり、光秀は義昭と連絡をするなかで、これまでやりとりがなかった土橋平尉が義昭に協力することを知った。そこで、光秀は土橋平尉に書状を送り、自身も義昭の上洛を望んでいること、義昭が上洛した際は協力してほしいと伝えている。ただし、光秀自身には土橋平尉への動員権がないようで、詳細は義昭から指示があるので従うようにと結んでいるのである。

この史料から、本能寺の変以前から義昭と光秀が結んでおり、信長を討って室町幕府の再興を目論んでいたことを読み取ることは、不可能であるといわざるを得ない。

史料解釈から義昭が黒幕とは読み取れず

美濃加茂市民ミュージアム所蔵文書から藤田氏は「本史料からは、重治が義昭の指示によって行動していること、光秀も既に上洛戦への協力を約束していたことが判明する。義昭の指令を受けて行動していた重治は、光秀と面識がなかったため「味方」であることを申し出たうえで、援軍を出そうとしたのである」と指摘する。

そして、「もし光秀が自ら天下人になるためにクーデターをおこしたのならば、義昭の使者がやってきたとして、すぐにその要求を受け入れることができたであろうか。これらを考慮すると、光秀は変以前に義昭からのアプローチを受けていたとみるのが自然である」と結論付ける。

さらに研究上の意義として「光秀が、隙をみせた主君信長を葬って天下人をめざしたのではなく、義昭の帰洛による室町幕府再興のためにクーデターをおこしたことがわかったこと」を指摘している（以上、平成二十九年九月六日付「三重大学プレスリリース発表資料」）。この見解は、これまでも一貫して堅持されている。

結論から言うと、この史料は、光秀が変以前に義昭からのアプローチを受けていたことを示す根拠とはなりえず、光秀が義昭の帰洛による室町幕府再興のためにクーデターを起こした根拠にもならないと考える。変が勃発するまで、義昭は毛利氏の支援を受けながら、上洛して室町幕府再興を願ったのは事実だが、それはうまくいかなかった。

ところが、信長の横死によって、状況は大きく変わった。義昭は上洛を果たすため、毛利氏を長宗我部《ちょうそかべ》元親《もとちか》に結び付けるなど必死だったのはたしかだろう。当然、反信長派である土橋氏やクーデターに成功した光秀にも書状を送り、味方になるよう依頼したと考えられる。光秀としては、変後の展望がなかったので、義昭が上洛するならば心強かったに違いない。

義昭の悲願は室町幕府再興なのだから、そういう意味で光秀は義昭に手を貸さざるを得なかったであろう。とはいえ、それが長期的な展望に立った政権構想ではなく、一時しのぎ的な要素が濃かったことは否めない。それは、鞆幕府に似たり寄ったりの存在である。鞆に移ったあとの義昭が京都時代と比較して、大幅に将軍権力を低下させていたことについては、水野嶺氏の研究がある（水野：二〇一三）。

そもそも光秀は、天正元年（一五七三）に信長と決裂した義昭を裏切り、信長に与した。本能寺の変が勃発するまで光秀と義昭は敵対していたので、交渉ルートを持っていなかった。そこで、土橋平尉を通して、連絡を取らざるを得なかったという藤本正行氏の指摘がある（鈴木・藤本：二〇〇六）。まさしく、そのとおりだろう。

本史料は、本能寺の変後に義昭が反信長派だった面々を糾合し、上洛を期したことはわかるが、これ以前に遡って光秀が室町幕府の再興を目指して、クーデターを起こしたことの証拠にはならない。つまり、藤田氏の解釈は深読みしすぎである。義昭が即座に上洛せず、かえって光秀が上洛の際には協力すると申し出ているくらいだから、二人が事前に協議をしてクーデターを起こしたならば、あまりにお粗末といえるだろう。

第三章

朝廷黒幕説

信長と朝廷との関係

本能寺の変が起こった原因の一つとして、朝廷黒幕説がある。朝廷黒幕説とは、どのようなものなのだろうか。

信長の存在に危機感を感じた朝廷が光秀を背後で操り、ついに謀反を起こさせたというのが、朝廷黒幕説である。なお、朝廷黒幕説は、あくまで便宜的な名称に過ぎないことを断っておく。朝廷黒幕説の論点は多岐にわたり、複雑な様相を呈しているのが特徴といえるかもしれない。論点はおおむね次の五つに分類されるが、朝廷黒幕説を唱える論者が必ずしも一致して、すべてに賛意を示しているわけではない。
①信長が正親町天皇に譲位を勧めたこと。
②信長が京都で馬揃えを行ったこと。
③信長が右大臣・右大将を辞任したこと。
④信長が左大臣に推任されたこと。
⑤信長が三職（関白・太政大臣・征夷大将軍）に推任されたこと。
詳細は後述するが、右の五つの論点の評価が朝廷黒幕説に関わってくる。信長は右の事象を通して朝廷を圧迫し、やがて危機感を抱いた朝廷は、光秀をして信長を殺害させたというのである。

朝廷黒幕説を取り上げる前に、信長の朝廷対策を確認しておこう。信長の朝廷に対する、基本の姿勢を確認することにより、問題の一端が明らかになるはずである。

信長の朝廷対策

永禄十一年（一五六八）十月、足利義昭は信長に推戴されて上洛を果たし、室町幕府の第十五代将軍に就任した。形式的な身分においては、明らかに義昭のほうが上だったが、信長は対等な関係と考えていたかもしれない。信長と義昭は、政治を行う上で相互補完の関係にあり、文書の発給のされ方も如実にその事実を示している。信長は義昭よりも破格の軍事力を誇っていたので、その点では圧倒的に優位だった。

永禄十二年（一五六九）十月、信長は、突如として京都から美濃に帰還した（『御湯殿上日記』など）。信長が美濃に戻った理由は、徐々に義昭との関係が悪化していたからだろう。正親町《おおぎまち》天皇は信長が美濃に下向したとの一報を聞き、大変驚いて即座に慰留した。正親町は信長によって、京都の治安が守られていると考えて慰留したのであるが、信長は正親町の申し出に応じなかった。

翌永禄十三年（一五七〇）一月、信長は義昭との関係を改善するため、五ヵ条にわたる条書を定めた。信長の朝廷対策を考えるうえで注目すべきは、次の第五条の条文である。

天下静謐《せいひつ》のため、禁中《きんちゅう》への奉公を怠らないこと。

この条文では、天下（＝畿内）の静謐を図るため、朝廷への奉公を説いている。信長にとっての天下とは朝廷と幕府の支配圏である畿内であり、その静謐を願って義昭を推戴して上洛した。決して私利私欲のためではなかった。同時に信長は、義昭に天皇・朝廷への奉公を申し出ており、それが重要であると考えていた。

京都御所　建礼門

義昭は将軍に就任したが、本来の役割である「朝廷への奉仕」を果たしていなかった。改元もその一つと考えてもよいだろう。信長は、そうした義昭の態度に憤りを感じていたと考えられる。それが両者の確執のはじまりとなった。

信長は義昭に諫言《かんげん》するだけのことがあって、朝廷への奉仕を欠かしていなかった。永禄十一年（一五六八）十月、信長は朝廷の命によって、山科家領の旧領還付や京中の御料《ご》諸役《りょうしょやく》の勤仕《きんし》を徹底するようにした（『言継卿記』）。各地の荘園は、天皇、公家、寺社の経済的基盤だったが、戦国時代以降は武家勢力に押領されるありさまだった。信長は、経済的に厳しい天皇や公家を救済する政策を採用し、当知行安堵や旧領還付などを行ったのである。ある意味で、保守的な政策といえるかもしれない。

これだけではない。御所は長年にわたる戦乱で修理を必要としていたが、ごく小規模な修理を除いて、長く本格的に実施されなかった。そこで、翌永禄十二年（一五六九）一月、信長は二十一ヵ国の諸大名らに禁中の修理を命じた（『二条宴乗《えんじょう》日記』）。信長は朝廷が困っていることを知り、修理を実行に移したのである。その後、実際に禁中が修理されたことは、『言継卿記』や『御湯殿上日記』の記事で確認できる。

信長は朝廷への奉仕を欠かすことなく進め、自ら範を示したといえる。そのことによって、信長は朝廷からの信頼を勝ち取ったのである。つまり、信長は朝廷から感謝されることはあっても、恨まれる理由はなかったといえる。

副将軍のこと

朝廷は信長の手厚い支援に対して、何らかのお礼をしなくてはならないと考えた。永禄十二年（一五六九）三月、正親町天皇は信長を副将軍に任ずるべく、勅旨《ちょくし》を下したのである（『言継卿記』）。副将軍とは聞き慣れないが、いったいどんな職なのだろうか。

副将軍は「軍防令」第二十四条に規定されており、平安時代には実際に任命された者も存在した。しかし、中世以降では、任命された例を二次史料でしか確認することができない。たとえば、足利尊氏が将軍宣下《せんげ》を受けた際、弟の直義が「日本ノ副将軍」になったといわれている（『太平記』巻十九）。応永二十三年（一四一六）に勃発した上杉禅秀《ぜんしゅう》の乱が終結すると、今川範政《のりまさ》はその軍功を認められ、足利義教から「副将軍」を与えられたと伝わるが、いずれも軍記物語の記載であり、事実か否か判断をしかねる。

結局、信長は正親町に対して、副将軍を受けるとも受けないとも回答しなかった。信長が副将軍を受けなかった理由については、さまざまな見解が示されているが、信長が義昭の配下になることを嫌ったのは疑いないところだろう。また、わざわざ固辞することを正親町に伝え、心証を悪くするのもよくない。明確に答えないことにより、「受けない」という信長の気持ちを暗に示したと考えられる。

信長は天皇や将軍を推戴することにより、自らの権力と権威を天下（畿内）に示すだけで十分だったのだろう。信長が義昭を擁立して上洛し、室町幕府再興を支援したのは、天下静謐のためであった。ところが、義昭は将軍としての職務を放擲《ほうてき》し、特に朝廷への奉仕を怠った。それは、信長にとって許せないことであり、有頂天になった義昭の意識とは大きく乖離していた。

義昭が怠慢だったので、信長が禁中修理や禁裏領の保全を行うなど、朝廷へ奉仕せざるを得なくなった。以上の例を見る限り、信長は朝廷に敵対心を持つどころか、むしろ逆だったといえる。信長が朝廷を支えることは、自らの権力と権威を広く誇示することにもつながった。朝廷にとっては、頼りにならない義昭よりも、信長を歓迎したのは疑いないところだろう。

以下、信長と朝廷の関係について、先に示した個別の事象を取り上げ、もう少し詳しく考えることにしよう。

改元問題をめぐって

信長の朝廷に対する奉仕は、本来は幕府が関わるべき改元にまでも及んでいる。次に、その経過を確認することにしておこう。

元亀三年（一五七二）三月二十九日、朝廷は幕府（義昭）と信長に対して、改元を実施するように命を下した（『御湯殿上日記』）。一般的に考えると、改元の作業は天皇・朝廷の専権事項である。しかし、これまでの例を踏まえると、実際には費用負担の面も含めて、武家側（室町幕府と）との共同作業であったといえる。

改元に関しては「異見十七ヵ条」によって、次のように信長は義昭に意見をしたことがわかっている（『信長公記』『尋憲記《じんけんき》』）。

元亀の年号が不吉なので、改元はもっともなことであり、天下の沙汰を実行すべきであると義昭に申し上げた。

通常、改元は①天皇の代始《だいはじめ》、②祥瑞《しょうずい》（縁起のよい前兆）の出現、③天変地異、疫疾、兵乱など、④讖緯《しんい》説（中国古代の予言説の一つ）による辛酉《しんゆう》革命（辛酉の年には大きな社会変革が起るという説）、甲子革令《かっしかくれい》（六十年に一度の甲子の年は、政治上の変革が起こる運にあたるという思想）の年、⑤室町時代以後将軍の代始、を契機にして行われた。この場合は、③が相当する。

しかし、改元には儀式などが伴い、費用負担がかさむことから、必ずしも朝廷が単独で行ったわけではない。幕府の財政的な援助が必要であった。

この中で信長は「天下」という言葉を用いているが、これは自身が天下（この段階では畿内中心）の支配権を掌握したことを示すとともに、私利私欲でなく「天下のため」と自己を正当化する二つの意味で使用している。そうした意味で、信長にとって改元は大きな意味があり、朝廷の意向に沿って大いに賛意を示したのである。そして、信長は義昭に改元への協力を進言した。現実に、年号勘者《ねんごうかんじゃ》（年号の案を作成する職）の宣下が下されるなどし、粛々と改元の準備は進められたのである（『康雄記』など）。

朝廷から幕府と信長に対して改元を命じているが、実際に主導権を握っていたのは幕府であった。今回、朝廷が信長を通して命を下したのは、武家側が義昭と信長の二重政権（連合政権）になっていたからである。むろん、信長の力も頼りにされていた。同年四月九日、結果として幕府（義昭）が改元費用を進上しなかったため、改元は実施されることがなかった（『御湯殿上日記』）。それゆえに、怒り心頭の信長は「異見十七ヵ条」を義昭に突きつけたのである。

なぜ改元をしなかったのか

義昭が改元の費用を負担しなかった理由は、特に明確ではない。未だに幕府財政が好転していなかったことも考えられる。あるいは、義昭が「室町幕府再興」に熱中し、諸大名との連絡に明け暮れるなかで、改元のことなど忘れていたのだろうか。そもそも義昭は、改元に関心がなかったのか。義昭が改元を怠ったことについて、『信長公記』『尋憲記』には次のとおり記している（現代語訳）。

禁中で改元を行おうとしたものの、幕府（義昭）は少しも費用などを仰せ付けになりませんでした。今は、改元が遅々として進んでいません。改元は天下のために行なうもので、決して疎《おろそ》かに考えてはなりません。

右の記述から明らかなことは、信長が改元を行わない義昭にかなり批判的だったことである。それならば、信長が改元の費用を負担し、進めればよいのではないかという意見がありそうだが、そういう簡単な問題ではなかった。手続き的には朝廷で改元を行ったあと、新年号が幕府に伝えられた。そして、幕府が改元吉書《きっしょ》を行うことにより、初めて改元は成立するのである。改元吉書とは、改元時に幕府が発給する政務上の文書であり、幕府自体も改元に責任の一端を負っていた。

信長は室町幕府の将軍ではないので、改元に携わる資格がなかった。そのような事情から、信長は義昭の怠慢ぶりに対して、怒りを押さえきれなかったと考えられる。実際に、元亀から天正に改元されたのは、信長が義昭を京都から追放した直後のことであった。次に、その経過を考えてみたいと思う。

元亀から天正への改元

元亀四年（一五七三）二月、三月を境にして、信長と義昭との関係は急速に悪化し、ついには断交に至った。やがて、両者は交戦におよぶ。そして、同年七月二十一日、突如として信長は朝廷に対し、元亀を新しい年号に改元するという提案を行った（『御湯殿上日記』）。義昭を追放した直後のことなので、信長は自らが将軍の代わりになったという自負があったに違いない。

信長の提案を受けた朝廷は、すぐに改元へ向けて作業をはじめた。同年七月二十九日、朝廷は信長に改元の要望を申し出たのである。その理由は将軍・義昭の姿は京都から追放されたため、信長を頼らざるを得なかったからと推測される。これは極めて異例のことだったといえるだろう。改元の際は驚くべきことに、信長が「天正」という年号を要望したことが知られている（『壬生家四巻之日記』）。

通常、新たに年号を選定する際には、学識ある年号勘者が過去の年号を調査し（中国、朝鮮などの外国も含め）、中国の古典などから年号を考えて案を作成する。その後、年号勘者が提出した複数の新年号の候補を検討し、天皇が最終的に決める。元亀からの改元のケースでも、「天正」以外に複数の新年号の候補があった。

ところが、改元が急な信長からの申し出であったことと、十分に年号勘者が確保できなかった事情もあり、「安永」「天正」が最終候補として残った（『改元部類』）。

天正には、どのような意味があったのか。『改元勘文部類《かんもんぶるい》』によると、「清静《せいせい》なるは天下の正と為る」という意があると書かれている（出典は『老子』）。新年号候補の「天正」は、まさしく信長の意向に沿うものだった。「天正」の意味を知った信長は、これ以外には考えられなかったのかもしれない。

突然、信長が改元を朝廷に申し出たのは、何か意図があったのだろうか。義昭が京都から追放されて以降、信長には武家側のトップに立ち、朝廷を支えて天下静謐に導くという意識が生じたと考えられる。かつて信長が義昭に要求した改元を速やかに行うことは、むしろ当然だった。新年号について記した綸旨《りんじ》（天皇の意を奉じた文書）には、「天下静謐安穏」と記されている（『東山御文庫記録』）。また、新年号「天正」の意味は、先述のとおり「清静なるは天下の正と為る」ことで、信長が目指した「天下静謐」と見事に合致した。

信長が新年号に希望を述べたのは極めて異例だったが、それは天皇の職権を侵すという性質のものではなかった。「天正」が持つ「天下静謐」という意味は、信長も正親町天皇も同じ思いだったからである。信長は改元を行った時点で、武家のトップとして天皇を推戴する決意を強く固めたといえよう。

正親町天皇の譲位について

次に取り上げるのは、信長が正親町天皇に譲位を勧めたという問題である。譲位問題に関しては、その意味をめぐって真っ向から異なる二つの見解が提示されている。次に、その要点を示しておこう。

①信長は正親町天皇に譲位を迫り、朝廷を圧迫した。

②信長から譲位の申し出を受けた正親町天皇は、感謝の気持ちを持った。

①は信長が朝廷を蔑《ないがし》ろにしていたという評価であり、②は信長が朝廷に奉仕しようとしていたという評価である。まったくの正反対な評価である。

①の評価は、信長と天皇は対立していたという視点である。つまり、のちに朝廷が背後で明智光秀を操り、本能寺の変を引き起こさせた要因になったということを示しており、これが朝廷黒幕説の一つの根拠になった。

以上のように、信長の譲位の勧めはまったく異なった評価が与えられている。まず、問題を読み解く前提として、最初に正親町天皇の譲位問題の経過を取り上げることにしよう。

天正元年(一五七三)十二月三日、信長は正親町天皇に譲位を執り行うよう申し入れを行った(『孝親《たかちか》公記』)。正親町天皇は信長からの譲位を勧める申し出を受け、関白・二条晴良《はれよし》に譲位の時期について勅書を遣わしたので、快諾したと考えられる。勅書を受け取った晴良は、信長の宿所をすぐに訪問すると、家臣の林秀貞に正親町天皇が譲位を希望している旨を申し伝えた。晴良の申し入れを聞いた秀貞は、次のように回答した（現代語訳）。

今年はすでに日も残り少ないので、来春早々には沙汰いたしましょう。

晴良のいう「御譲位・御即位等次第」に関する具体的な内容は詳しく記されていないが、余すところなく伝えたとある。おそらく伝えた内容は、譲位の日程や費用の問題などだったと考えられる。正親町天皇が譲位に乗り気だったのは、疑う余地がないといえよう。

譲位できなかった天皇

戦国・織豊期における、譲位の問題はどう捉えられていたのだろうか。

おおむね応仁・文明の乱以降になると経費の負担が重くのしかかり、天皇の即位後すぐに即位式を行えないことが常態化した。後柏原《ごかしわばら》、後奈良《ごなら》の二天皇は、長期にわたって即位式が挙行できなかったくらいである。大嘗祭なども同様だった。大嘗祭とは、天皇が即位後初めて行う新嘗祭《にいなめさい》（新穀を神に捧げで収穫を感謝し、来るべき年の豊穣を祈る祭儀）のことである。ほかにも朝儀という、朝廷の儀式も滞るありさまだった。

つまり、実際に譲位が実現すると、天皇位を右から左へと譲るだけでは完了せず、新天皇の即位式や大嘗祭の費用が問題となった。本来、その費用の一部を負担するのは室町幕府だったが、もはや有名無実の存在であり、各地の大名に費用負担を依頼するありさまだった。後奈良天皇は宸筆《しんぴつ》（天皇自筆の書）を大名などに売ったり、献金に応じて官位を与えるなど、絶えず資金不足に悩まされていた。

こうして長い時間をかけて、ようやく即位式を挙行したのである。しかし、後柏原らは生前に皇太子に天皇位を譲ることなく、現役の天皇のまま亡くなった。それは、当時の人々にとって、驚くべき事態だった。というのも、院政と言うと現代においては、引退した人が実権を握り続ける「悪」と思われているが、実際はそうではない。天皇は早々に皇太子に位を譲って上皇となり、院政を敷くのが当時のスタンダードだった。それは、幕末まで続くのである。

では、正親町天皇は信長から譲位を勧められて、どのように考えたのだろうか。正親町天皇は、次のように感想を述べている（「東山御文庫所蔵文書」現代語訳）。

後土御門《ごつちみかど》天皇以来の願望であったが、なかなか実現に至らなかった。譲位が実現すれば、朝家再興のときが到来したと思う。

正親町天皇は過去の屈辱の歴史を振り返り、譲位が実現することを大変喜んでいるのである。先述したとおり、天皇は生存中に皇太子に譲位し、自らは上皇となって院政をするのがスタンダードなあり方だった。逆に、譲位することなく、亡くなるまで天皇位に留まっていることが異常事態だったのである。

戦国期の天皇は上皇になれなかったことが不本意だったので、譲位を歓迎するのは当然のことといえる。この点について、もう少し詳しく検討しよう。

実は喜んだ正親町天皇

平安時代の院政期以後、天皇は一般的に早い段階で譲位して上皇となった。上皇は「治天《ちてん》の君《きみ》」として、政務の実権を握るのが普通だったのである。ところが、戦国の争乱期になると、財政的な厳しさから譲位が簡単にできなくなった。即位式の費用が問題だったからである。後土御門、後柏原、後奈良の三天皇は、生きている間に皇太子に譲位することができず、自らが亡くなってから、後継者の皇太子が天皇位に就くようになった。

繰り返しになるが、即位式ができない状態は、天皇自身が希望したのではなく、あくまで財政上の問題だった。即位の儀式や大嘗祭《だいじょうさい》などには、莫大な費用を負担する必要があったので、譲位をしたくても断念せざるを得なかったのである。天皇は各地の戦国大名に費用負担を依頼する努力をしたが、それでも譲位は実現しなかった。

右のような事情から、正親町天皇が信長の申し出に対して喜んだことは、容易に理解できるだろう。この場合の譲位とは、当然、信長が費用負担を申し出たものと考えられる。早速、朝廷では即位の道具や礼服の風干《かざほし》(陰干し)を行い、譲位に備えたのである(『御湯殿上日記』)。では、譲位は実現したのだろうか。残念ながら、信長の存命中に譲位は実施されなかった。信長は義昭と決裂して以降、その対応に振り回されていた。皮肉なことに義昭を追放したことにより、信長包囲網が各地に形成された。それにより、信長は各地に出兵するありさまで、とても譲位どころではなかったのではないだろうか。特に費用面では、合戦の準備に費やされ、即位式に回せなかった可能性がある。

いずれにしても、信長は正親町天皇に譲位を迫ったのではなく、勧めたというほうが正しい。それは天皇への圧迫と捉える論者が指摘するように、信長が嫌がる正親町天皇に譲位を迫り、窮地に追い込んだものではない。事実は真逆で、譲位を望んでいたであろう正親町の意を汲んで、信長が勧めたと考えてよいだろう。

結論を言えば、従来の説で指摘されたように、信長が譲位を通して天皇を圧迫したとか、信長と朝廷との間に対立があったという考え方は、現在おおむね否定されている。正親町天皇は信長から譲位の提案を受けて、喜んだというのが事実だった。したがって、信長による譲位問題は、朝廷黒幕説の根拠にはならない。

信長が得た官途

信長と朝廷との関係を考えるうえで、一つのカギになるのが官途《かんと》(官職、官位)の問題である。

官途を授けるのは朝廷なので、各地の戦国大名は朝廷に献金をすることにより、より高い官途をもらおうとした。朝廷への献金は一概に大名の厚意とは言えず、猟官《りょうかん》運動の一つだったといえる。信長と官途の問題については、これまで多くの研究者によってさまざまな説が提示されてきた。信長は官途に対してどのように考えていたのか、考えることにしよう。

天正三年(一五七五)三月、信長は従五位下に叙され昇殿を果たすと、翌年十一月にはさらに権大納言と右近衛大将《うこのえだいしょう》を兼ねた。近衛大将は近衛府の長官のことであるが、「幕府」の唐名でもあった。信長の昇進は室町幕府の将軍の例にならっており、朝廷が信長を将軍と同格であるとみなしていた節がある。しかも、実際の信長の昇進スピードは義昭よりも速く、いかに朝廷が信長を厚遇していたかがわかる。

信長が右近衛大将に任官されたときは、わざわざ陣儀を開いたうえで、陣宣下を行った。これは、室町幕府の将軍とまったく同じ扱いである（『兼見卿記』）。信長は朝廷や幕府の伝統的権威を重んじていたので、本格的でなければならなかったのだろうか。朝廷が信長に格段の配慮を行っていたのは明らかである。

信長は、その後も順調に昇進を遂げた。天正五年（一五七七）十一月二十日、ついに信長は右大臣兼右近衛大将に任じられる（『公卿補任』）。令制の官職において、右大臣は太政大臣、左大臣に次ぐナンバー3の位置にあった。公家でもトップクラスの家格でなければ、なかなか就任できなかった。信長は義昭に代わる武家のトップとして、右大臣という地位を与えられたのだろう。朝廷は天下静謐、京都市中の警護の必要性から信長を頼らざるを得なかったが、信長はさほど令制の官職に興味を示さなかったといわれている。

翌天正六年（一五七八）一月、信長は節会《せちえ》（節日などの朝廷で催される宴会）を催すため、自ら費用を負担した。このとき催された節会は信長の「任大臣」のものだったが、朝廷には節会を催す財政的な余裕がなかったため、今までほとんど行われてこなかった。信長が節会の開催費用を負担して復活させたことは、朝廷への奉仕の一環なのだろう。

なお、節会とは節日そのほか重要な公事のある日に、五位または六位以上の諸臣を朝廷に集め、天皇が出御《しゅつご》して催した宴会のことである。

官途にこだわらない信長

信長が官途に執着心を示したかと言えば、決してそんなことはなかった。天正六年(一五七八)四月九日、信長は突如として、右大臣兼右近衛大将を辞したのである。信長の辞任については、源頼朝が極めて短い期間で権大納言兼右近衛大将を辞した例に倣ったといわれているが、順調に栄達していただけに不可解なことだった。辞官の奏達状によると、信長が職を辞した理由については、次の三つが挙げられている(『兼見卿記』)。

①未だ征伐が終わることがない(敵対勢力が残っている)ので官職を辞退したい。
②全国平定を成し遂げた際には、登用の勅命を受けたい。
③顕職(重要な地位)は、子の信忠に譲りたい。

①については、信長はこれまでも右大臣兼右近衛大将の職にあって、諸大名と戦いを繰り広げていたので、根本的な理由とは言い難い。前月の三月に三木城の別所長治《ながはる》が叛旗を翻したものの、まだ重大な局面には至っていなかった。また、通常の公家のように、信長は議《ぎ》定《じょう》(公家の会議)に加わって朝廷に奉公をしていたわけでもなかった。右大臣とはいっても、名ばかりという側面は否めない。

②については、①と関係しているが、天下平定を条件に今後任官することを否定しない含

みをもたせている。信長は諸大名の戦いを終えたあとに余裕ができるであろうから、何らかの職に就くことを否定していない。つまり、忙しかったということになろうが、意味深長な言葉でもある。

③については、重要な地位を信忠に譲りたいと意思表示しており、②とやや矛盾するような印象を受ける。信長自身が重要な地位を授かりたいのではなく、子の信忠に与えてほしいというのだから、織田家自体が今後の官職を受けないということではない。何らかの形で朝廷に奉仕したという気持ちの表れだろう。

もっとも重要なのは、信長が正二位を返上していないという事実である。こういう状態は散位《さんい》といい、官職がなくて位階のみを有することを意味する。信長は、完全に公家社会の秩序からの解放を望んだのではない。

信長は何を考えていたのか

③に関しては、「朝廷の枠組みから解放されようとした」、「天皇を自身の権力機構に取り込もうとした」という説も示されている。前者については、正二位に止まっているのだから、正しくはないだろう。後者の説は天皇の政治的な利用ということか。二つの説は信長が朝廷

を敵視しているかのような印象を受けるが、これまでの信長の朝廷への対応を考慮すると首肯できない。信長は朝廷への奉仕者だったにもかかわらず、天皇との関係を良くないように深読みしすぎているきらいがある。

正二位に留まったことに関連しては、「のちに太政大臣に就任する意向があった」という説も提示されている。信長はいったん右大臣をしたものの、将来の太政大臣への就任に含みをもたせていたということになろう。それならば、別に信長は議定に参加していないのだから、そのまま右大臣に留まったほうが得策である。右大臣に留まることによって、大きな負担があったわけではない。

ほかの意見としては信長の神格化へとつながったとも指摘されているが、神格化そのものが疑問視されているので、こちらも論拠が乏しいといわざるを得ない。

堀新氏は、信長が正二位に留まって朝廷との適度な距離を保ちつつ、子の信忠を任官させようとしたと指摘する（堀：二〇一一）。天正五年（一五七七）十月、信忠は従三位・左近衛中将になっており、すでに公卿に列していた。以降の昇進は確認できないが、信忠に官職を与えることによって、朝廷とのつかず離れずの距離を保ったのだろう。つまり、織田家としては、父子のいずれかが官職を持って朝廷に奉仕していればよかったのである。

特に、信長は官職に強い執着心を持っていなかった。朝廷との関係や官途の利用法を十分に理解していたのではないだろうか。信長は配下の者に官途の推挙をほとんど行わなかったが、それは官途の授与によって、配下の者をコントロールしようとしなかったことを意味する。信長は、決して朝廷の権威に飲み込まれず、独自性を志向したのである。

馬揃えとは何か

信長が朝廷を圧迫しようとしたと考えられている出来事の一つとして、京都で催された馬揃えの一件がある。

天正九年（一五八一）一月十五日、信長は左義長《さぎちょう》を催すべく、安土城に馬廻衆《うままわり》を招いた。左義長とは小正月に行われる火祭りのことで、地方によって「どんど」「どんど焼き」「さいと焼き」「さんくろう焼き」などと称されている。民間では竹を立て、門松・注連縄《しめなわ》・書き初めなどを焼き、その火で餅を焼いて食べて無病息災を祈った。宮中では正月十五・十八日に青竹を清涼殿南庭に立て、扇・短冊などを結びつけて焼いた。今でも、行われている地域は多数ある。

信長が主催した左義長では、爆竹が派手に鳴らされるなどし、見物人が大いに盛り上がったと伝わる。信長自身が豪華な衣装を身にまとって登場すると、織田家の一門が同時にほぼ勢揃いした。なかでも騎馬行列は多くの見物人の目を引き、注目を集めたという。これこそ

安土城　黒金門

が、馬揃えである。正親町は安土城下で催された左義長と馬揃えの噂を耳にして、ぜひ見学したいと熱望した。そこで、京都においても、信長が主催して馬揃えが行われることになったのである。

同年一月二十三日、信長は明智光秀に対し、京都における馬揃えの準備を命令した。重要な行事を光秀に任せたのだから、信長はかなり信頼していたと考えられる。馬揃えとは信長軍団の軍事パレードのようなもので、それは大規模なものだった。参加者の人数の多さもさることながら、良い馬を準備する努力も惜しまず、徳川家康が信長に鹿毛《かげ》の駿馬《しゅんめ》を一頭贈るなどした。馬揃えを開催する当日には、禁裏の東門付近に正親町天皇のための行宮《あんぐう》が設営されるなど、準備は万端整った。

禁裏で挙行した馬揃え

同年二月二十八日、信長は正親町天皇を招き、禁裏の東門外で壮大な馬揃えを行った（『御湯殿上日記』など）。会場の長さ（南北）や幅（東西）については諸説あるが、長さ（南北）は約四三六メートル〜八七二メートル、幅（東西）は一〇九メートル〜一六三メートルもあったと伝わる。かなりの広大さである。

馬揃えに参加した武将は約七〇〇名といわれ、騎馬武者の衣装も豪華壮麗なものだった。見物人は約二十万人も集まったというので、世間の注目を大いに集めていた。朝廷との関係を考えるうえでは、公家衆が参加したことに注目すべきであろう。この壮大かつ葬礼な馬揃えを見物すれば、誰もが信長の威勢を感じずにはいられなかっただろう。

信長が馬揃えを行った目的は、いかなる点にあったのだろうか。『信長公記』には、「天下（＝畿内）において馬揃えを執り行い、聖王への御叡覧に備える」と記されている。信長の本当の目的は、天下（＝畿内）が治まりつつ状況下で、正親町天皇と誠仁《さねひと》親王に馬揃えを叡覧に供することだった。馬揃えも朝廷に対する奉仕の一環なのである。

信長は馬揃えを挙行したことにより、朝廷への奉仕を行ったという強い達成感を感じたことであろう。同時に信長軍団の威勢の顕示と士気高揚を広く知らしめ、信長の畿内近国制覇を天下に示したのである。その結果、「このようにおもしろい遊興を正親町天皇がご覧になり、喜びもひとしおで綸言《りんげん》（天皇の言葉）を賜った」と書かれているので（『信長公記』）、正親町が大喜びだったのは疑う余地がない。

近年では、堀新氏によって、馬揃えが行われた理由が提示されている（堀：二〇一一）。それは、誠仁親王の生母・新大典侍が天正八年十二月二十九日に亡くなったからで、朝廷はそうした沈滞ムードを破るべく信長に開催を要望した。そうした理由から、信長は生母を亡くして落ち込む誠仁を励まそうとしたという。

なお、この馬揃えを巡る評価については、次に取り上げる信長の左大臣推任とともに検討することにしよう。

馬揃えと左大臣への推任の評価

馬揃えが終わってから数日後、信長と朝廷との間に動きがあった。

かつて右大臣を辞した信長は、天正九年（一五八一）三月七日に朝廷から左大臣に推任された。左大臣に推任された信長の回答は、正親町の譲位後に官位を受けたいというものだった。同年三月二十四日、信長は譲位を進めるとの意向を示したので、正親町と親王は大いに喜んだ。ところが、事態は急変する。

同年四月一日、朝廷は、信長の申し出に「当年、金神《こんじん》により御延引」（本年は金神の理由によって延期する）と回答し、正親町天皇は譲位を実行しなかった。金神とは陰陽道でまつる神のことで、殺伐を好むおそるべき神であり、この神の方位は大凶方とされていた。結果、譲位は行われず、信長の左大臣就任も見送られたのである。

この一件の評価については、先述した馬揃えと合わせて諸説ある。

これまでは、信長がこの正親町天皇に壮麗なる馬揃えを見せ、その軍事力を顕示し、正親町を威圧して譲位を迫ろうとしたという見解があった（今谷：二〇〇二）。ところが、先例にならって正親町天皇は譲位を望んでいたので、こうした見解は妥当ではない。正親町が譲位や馬揃えを大いに喜んだのは、先に触れたとおりである。

馬揃えと左大臣への推任について、ユニークな説を唱えたのは、立花京子氏である（立花：二〇〇四）。立花氏の見解を要約すると、次のようになろう。
①馬揃えは朝廷からの要望ではなく、信長による強要である。
②左大臣への推任は朝廷からの申し出ではなく、信長による強要である。
①についてはここまで述べたとおり、朝廷が要望したことが明らかなので成り立たない。立花氏による史料の誤読である。②は、どうなのだろうか。
朝廷は天正九年（一五八一）三月一日と同月九日の二回にわたって、信長に左大臣推任の

勅使を派遣した（『立入左京亮入道隆佐記《たてりさきょうのすけにゅうどうりゅうさき》』、『御湯殿上日記』）。ところが立花氏は、勅使の派遣は三月九日だけだったという。信長は馬揃えで正親町を威圧したことに満足せず、村井貞勝を通して朝廷に対し、左大臣推任の勅使として上臈局《じょうろうのつぼね》の派遣を要求したと指摘する。こちらも堀氏が指摘するように、立花氏による『立入左京亮入道隆佐記』の誤読であって成立しないのは明らかである（堀：二〇一一）。

立花氏の見解は多岐にわたるが、それらについては本章末のまとめの部分で再確認することにしたい。

三職推任問題をめぐって

信長と朝廷をめぐる問題は、決して馬揃えと左大臣推任だけに止まらなかった。ここで取り上げる三職推任問題についても、信長と朝廷が対立していたかのような説が提起されているのである。

天正十（一五八二）年四月二十五日、朝廷は信長に対して、三職（関白・太政大臣・将軍のいずれか）に推任すると申し出た（『天正十年夏記』）。信長に任官を熱心に勧めたのは、正親町の皇太子、誠仁親王であり、自ら「どのような官にも任じることができる」ことを信長に伝えていた（「畠山記念館所蔵文書」）。信長と誠仁親王との関係は、大変良好だったといわれていた。それはすなわち、信長と朝廷との関係が良好だったことも示していよう。三職は公家・武家のもっとも重要な職であり、いかに朝廷が信長を厚遇していたかが理解できる。

なぜ朝廷は、この時期に信長に三職の推任を行ったのだろうか。通説としては、天正十年三月に信長が天目山（山梨県甲州市）において、甲斐の武田勝頼を滅ぼしたので、朝廷がそれを祝して授けようとしたと指摘されている（堀：二〇一一）。以前、信長は敵対勢力が残っていることを理由として、右大臣を辞した。朝廷は信長が武田氏を滅亡に追い込んだので、それが官職を与える契機とみなしたのだろう。

ところで、三職推任は朝廷が申し出たのではなく、信長が強要したという説がある。立花京子氏は、一連の事実を記した勧修寺晴豊の『天正十年夏記』の「被（助詞の「らる」）」の用法を検討した結果、三職推任を持ち出したのは誠仁親王ではなく、信長配下の村井貞勝であると指摘した（立花：二〇〇四）。この説は、当時の学界に大きなセンセーションを巻き起こした。

ただし、その後の研究によって「被（助詞の「らる」）」の用法に疑問が提示され、この説も後退せざるを得なくなっている。本来、誠仁親王の発言に関しては「被仰候（仰せられ候）」と記すべきところであるが、誤って「被申候（申され候）」と書いてしまった。こういう例は、ほかにもある。何よりも先に示した誠仁親王の書状があるのだから、堀氏の見解に従うべきだろう（堀：二〇一一）。つまり、村井貞勝が三職推任を強要したというのは誤りである。

信長はどの官職を望んだのか

信長は朝廷から三職を提示され、いずれを選択するのか問われた。もっとも重要なことは、信長が三つのうちどの官職を希望していたのかになる。この点について、もう少し検討してみよう。

最初に、将軍職について検討してみよう。当時、足利義昭は力を失い、備後鞆（広島県福山市）で毛利氏の庇護下にあったが、未だに現役の征夷大将軍だった。ゆえに、後世に至って、「鞆幕府」と称された。形式的な幕府は存在したのかもしれない。その後、朝廷が義昭の将軍職を解いたという記録はないので、現実的に信長を将軍にするのは難しかった可能性はある。

仮に、信長を新将軍として補任するならば、朝廷は、義昭の将軍の職を解くという面倒な手続きが必要だったが、それでも提示したのだから、その用意はあったと考えてよいだろう。とはいえ、信長自身は朝廷との付かず離れずの距離を保つ方針だったので、結果として将軍職を受けるとは考えにくい。

太政大臣については、いかがなものか。天正十年（一五八二）五月、近衛前久《さきひさ》は太政大臣の職を辞していた（『公卿補任』）。前久が太政大臣を辞した理由は、信長を後任として据える措置であったと指摘がされている。たしかに可能性としてはなきにしもあらずだが、十分な説得力のある史料的裏付けが乏しい。あくまで結果論から導き出された説である。三職推任は同年四月二十五日のことであり、受けるとも受けないとも言っていない信長のために、わざわざ太政大臣の職を辞任するだろうか。

関白に関しては、五摂家のみに任官が許されてきたので、現実の問題としては極めて困難だったに違いない。後年の羽柴（豊臣）秀吉の例は、例外的なものだろう。三職推任の問題は、どう考えればよいのだろうか。

カギを握る『天正十年夏記』

この問題のキーとなるのが、『天正十年夏記』の記述である。勧修寺晴豊が信長方との交渉に臨んだ際、「関東討ちはたされ珍重候間、将軍ニなさるへきよし」と申し出ている。先述のとおり、信長自身も天下を平定した際に官位を授かってもよいと述べていた。朝廷は信長が天目山で甲斐の武田勝頼を滅亡に追い込んだことを契機に、将軍に任じるのが妥当と思ったに違いない。武家の棟梁としてはふさわしい職であり、朝廷の意向は将軍職と考えて差し支えないだろう。

右のプロセスは源頼朝が鎌倉幕府を開き、征夷大将軍に就任した先例に倣ったものと推測されている。以上の経緯を考慮すれば、朝廷はそもそも信長に将軍職を与える予定だったという説が有力視されている。

しかし、信長が朝廷の提案を受け入れるか否かでは見解が分かれ、最初から信長は将軍職を受ける意向がなかったとの指摘がある。信長は、これまで通りの朝廷との距離を保ちたかったのだろうか。その後の経過を確認しておこう。

信長は正親町天皇と誠仁親王に対して返事を認めるとともに、晴豊自身も村井貞勝の邸宅を訪問し、信長からの返答を聞いたようである。ただ、残念ながら信長の答えは伝わっておらず、三つの官職のなかからいずれを選んだのか、あるいはすべてを拒否したのか明らかではない。信長の回答が残っていないので、どの官職を受ける意向だったのか論者の見解が分かれており、今もなお論争が続いている。

信長が朝廷への奉仕を怠らなかったのは、別に高い官途を得ることが目的ではなかったといえる。朝廷は信長を武家の代表と認め、今後の支援や京都市中の治安などに期待し、官職を与えようとしたのだろう。信長自身は官職があってもなくても、朝廷の期待に応えるつもりだった。

信長は備後鞆に逃れた現職の将軍・義昭を見て、太政大臣や関白どころか、征夷大将軍ですらあまり価値がないことを実感したのではないだろうか。それらの職を得ることにより、自らの権力や権威が高まるとは考えなかった。また、下手に朝廷の権威を授けられるのも、得策ではなかった。

結論を言えば、信長は天皇・朝廷から三職のいずれかに推任したいという申し出があったものの、結果的にすべてを断ったのではないかと推測される。理由は、右に示したとおりである。その後、朝廷で信長の補任に関する動きが確認できないので、最終的に沙汰止みになったと考えられる。

信長の天下統一は、決して私利私欲のためではなかった。信長は天皇の権威を利用しつつも、決してその距離を縮めようとはしなかった。信長にとっての官職はさほど重要な意味を持たず、征夷大将軍という武家の棟梁のシンボルでさえも、ほとんど関心がなかったのではないだろうか。

暦問題について

信長と朝廷の関係で問題になったのは、暦の一件である。

暦を決定することは、さしたる問題ではないように考えてしまう。ところが、実際は時間の支配に関わる重要案件で、決して小さな問題ではなかった。それは、改元と同じである。

天正十年（一五八二）一月、信長は陰陽頭《おんみょうのかみ》・土御門久脩《つちみかどひさなが》が作成した宣明暦《せんみょうれき》（京暦）の代わりとして、尾張国など関東方面で使用していた三島暦の採用を要望した（『晴豊記』など）。信長による三島暦の要望がことの発端である。武家が暦について口出しするのは極めて異例でもあり、朝廷の決定権に介入したので、信長が朝廷を圧迫したと解釈されてきた。

三島暦とは、現在の静岡県三島市の河合家が発行した暦のことである。八世紀の終わり頃、河合家は山城国から三島に下り、その子孫が代々暦を発行し、地名の三島にちなんで三島暦と称された。いつ頃から三島暦が頒行されたのかは不明であるが、地方暦としての歴史はもっとも古いと指摘されている。ちなみに、地方暦は三島だけでなく、各地に存在していた。

宣明暦は中国から伝わった暦法で、貞観元年（八五九）に日本へ伝来し、以来、江戸時代の貞享元年（一六八四）までの八百年間にわたって利用された。しかし、宣明暦には大きな欠陥があったという。たとえば、日食や月食の記載があっても、実際には起こらなかったことがたびたびあり、必ずしも正確ではなかったようである。そのような問題もあって、貞享元年以降は渋川春海《はるみ》が作成した貞享暦《じょうきょうれき》が用いられるようになった。

信長が三島暦を用いるよう要望した経緯や内容は、以下のとおりである。宣明暦は天正十一年（一五八三）正月を閏月《うるうづき》に設定していたが、三島暦は天正十年十二月を閏月としていた。信長は三島暦のほうに合わせ、天正十年十二月を閏月に設定するよう強く要望したのである。残念ながら、変更を求めた理由は伝わっていない。

天正十年二月、朝廷では信長の要望を受けて検討し、結果は変更することなく宣明暦のとおり、天正十一年正月に閏月を設定した（『天正十年夏記』）。信長の要望は叶えられなかったのである。いったん信長は納得して、以後は何らかの措置をとることはなかった。しかし、これで問題は終わらなかった。信長は、この問題を再び持ち出したのである。

問題を蒸し返した信長

本能寺の変の前日の天正十年六月一日、事態が急展開を遂げた。この日、公家衆が信長の滞在する本能寺を訪問すると、信長は公家衆に対して、宣明暦から三島暦に変更するよう再び要望したのである。このときも理由は明確に伝わっておらず、長らく謎として議論されてきた。信長は、朝廷が持つ暦の決定権を奪おうとしたのだろうか。

この件について、明快な理由を示したのが桐野作人氏である（桐野：二〇〇七）。桐野氏の研究によると、信長が三島暦の採用にこだわった理由は、宣明暦が六月一日の日食を予測できなかったからであるという。先述のとおり、宣明暦と三島暦とでは、閏月の設定が異なっており、一般的に宣明暦は日食や月食の予測を外すことが多かったといわれていた。

信長が日食を把握できなかったことを問題視したのには、いったいどのような理由があったのか。当時は科学が十分に発達していなかったので、人々は日食や月食を不吉であると恐れていた。一種の迷信であろう。朝廷では日食や月食が起こると、筵《むしろ》で御所を覆うようにし、不吉な光から天皇を守ったといわれている。少し大袈裟かもしれないが、それくらい日食は恐れられていた。

結論を言えば、信長は日食の起こる日を確認して宣明暦の不正確さを改めて悟り、天皇を不吉な光から守るため、暦の変更を強く主張したのである。つまり、宣明暦では日食を予想できず、三島暦の方が正確であると考え、公家衆に再考を促したとされている。この考え方が正しいとするならば、あくまで信長は天皇の身を心配したのであって、決して自身が慣れ親しんだ三島暦の使用を強要していないことになる。

改めて、信長が三島暦を要望した理由について、二つの意見を確認しよう。

一つ目の意見は、信長が天皇の掌中にあった「時の支配」を奪い、正確な暦法の確立を目指していたとするものである。要するに、信長は天皇の権限の一つを奪取し、朝廷を圧迫しようとしていたことになる。

二つ目の意見は、「天皇を守りたい」という親切心で、信長は三島暦の採用を進言したと考えられている。つまり、一つ目の意見とは逆の見解である。

これまでの信長の天皇・朝廷対策を考慮すれば、桐野氏が提示した二つ目の意見が有力視される。三島暦の提案は朝廷への奉仕の一環とも考えられ、天皇の身を案じたと見るほうが自然なようである。

最近の研究による見解

桐野氏の研究により、暦の問題は収束したかのように見えたが、新たな展開が生じた。それは、遠藤珠紀氏の研究成果に拠るものである（遠藤：二〇一四）。遠藤氏の研究を整理すると、次のようになろう。

①信長が要求したのは「三島暦」ではなく、美濃尾張の暦者が作成した暦であり、彼らは伊豆三島社の配下の者ではなかった。

②地方暦が流布することで、朝廷の暦と地方暦との間で、閏月の有無、七曜、節季、月の

大小などで誤差が生じた。
③天正十年は暦を作成するにあたって、閏月の設定などで複雑な調整が必要だった。
④地方暦は官暦である宣明暦を無視しておらず、むしろベースにしていた。
以上の指摘を考慮すれば、信長がそもそも要望したのは美濃尾張で使われていた暦で、三島暦ではなかった。加えて地方暦は独自に作られたのではなく、宣明暦を参照したうえで作成されていたことがわかる。暦は多少の誤差が生じるのはやむ得ないことで、いずれにしても複雑な調整が必要だったようである。

遠藤氏のもっとも重要な指摘は、近衛家に残った天正十年の暦(『後陽成院宸記』紙背)の件である。この暦では六月一日に日食になることを予報しており、それを受けた朝廷は祈禱を催した(天理図書館「諸社祠官伝授之案」)。宣明暦が日食の日を正しく予報していたならば、信長が要望した理由は当たらないことになり、話は振り出しに戻ってしまう。では、なぜ信長は暦の変更を要望したのだろうか。

遠藤氏は信長の考えを不明としつつも、当時は各地の大名が暦の統一を行っていたと指摘する。信長も支配地域における暦の統一の必要性を痛感し、身近だった尾張の暦を要望したと推測している。そして、ことさら暦の問題は、信長と朝廷の問題へと収斂させる必要はないとの見解を示した。

このように暦の問題は、信長による朝廷の権限を奪取しようとした説、信長が日食の不吉な光から天皇を守ろうとした説と、議論が二転三転した。現時点では、遠藤氏の研究に拠って、信長の意図はわからなくなってしまった。

とはいえ、暦が抱える統一性の問題やこれまでの信長の朝廷への対応や考え方を考慮すれば、暦問題を朝廷への圧迫と捉える必要はなさそうである。

それでも朝廷は黒幕だったのか

以上の検証の結果、「朝廷黒幕説」はほぼ支持されていないが、一貫として主張し続けていたのが立花京子氏である。立花氏の『信長権力と朝廷　第二版』（二〇〇四）に収録された諸論文は、史料の博捜と丹念な読み込みにより、学界にセンセーショナルな話題を引き起こした。一方、立花氏は別に「南欧黒幕説」を提示しているが、こちらは第五章で取り上げたい。

本章では、馬揃え、左大臣推任、譲位問題、三職推任について立花氏の見解を提示し、検討を加えた。これ以外の立花氏の主張を一つずつ確認しておこう。

変後の天正十年六月六日、安土城にいた光秀は、親王から派遣された勅使の吉田兼見と面会する。具体的な用件は、詳しく書かれていない。同年六月九日、光秀は安土城から上洛し

安土城　天守閣跡

た際、朝廷に銀子五〇〇枚を献上した（『兼見卿記』など）。光秀は寺社にも銀を献上し、京都の住民には地子《じし》（土地への税金）を免除している。

立花氏は右の点に関して、六日は天皇が光秀に信長を討ったことに対して褒美を与えたと考え、銀の献上なども含めて、光秀と朝廷が一体化したと指摘している。むろん、両者の一体化を裏付ける十分な史料的な裏付けはなく、立花氏の考えにはとても賛同することができない。

変後、朝廷は京都市中の混乱を鎮めるために光秀に接近したのであり、光秀も朝廷や寺社、そして住民を懐柔すべく、献金などを行ったと考えるべきだろう。光秀は信長に代わり、京都の治安以上の責務を負わなくてはならなくなったに過ぎないのである。史料の深読みをし過ぎではないだろうか。

天正十年（一五八二）六月十七日に光秀の家臣・斎藤利三が処刑されたが、『天正十年夏記』はその様子について「済（斎）藤蔵助と申す者、明知（智）の者也、武者なる者也、かれ（彼）なと信長打（討）談合衆也」と記している。この部分は、「斎藤利三という者は、明智光秀の配下の者である。武士である。彼（＝斎藤利三）などは信長討ちの（明智氏家中における）談合衆である」と解釈する。談合衆というのは、明智氏内部で信長討ちの中心人物だったということになろう。

ところが、立花氏は『天正十年夏記』の記主・勧修寺晴豊がその談合衆のメンバーであると解釈し、公家衆と明智家中から成る場において、信長打倒計画について談合が行われたと指摘する。むろん、右の記述を除いて、ほかに根拠となる史料はない。この解釈についても、強引さが目立ち、とうてい受け入れることはできない。

立花氏の研究は大胆な説が提起されている反面、思い込みに基づく史料の誤読、論理の飛躍が随所に見られ、理解に苦しむ点が多々見られる。最初に自説あるいは結論を設定し、そこに向かって史料を曲解している節がある。

以上のように、立花氏の説は非常に興味深いものがあるが、根本である史料の解釈が間違っているなどの問題があり、現在は受け入れられていない。

成り立たない「朝廷黒幕説」

ここまで取り上げたとおり、信長と正親町天皇との関係は、良好であるという説と対立するという説が唱えられてきた。両者はまったくの正反対な見解である。

誤解のないように言うと、対立すると考える研究者すべてが、本能寺の変に関連付けて「朝廷黒幕説」を主張しているわけではなく、織田権力による朝廷政策について分析した結果、結論として導き出されたものである。また、かつて「朝廷黒幕説」を唱えていた研究者のなかにも、のちに改めて撤回した例もある。

「朝廷黒幕説」が主張された事情には、信長が中世的なものを打ち壊し、近世への道を切り開いた「革新的な人物」という古典的な研究の影響がある。

信長の独特な個性や独自の政策は強調されがちであるが、政策（楽市・楽座など）についてはすでに諸大名が実施していたことが明らかにされ、信長のオリジナルでないことが指摘されている。本章でもたびたび取り上げたとおり、信長の朝廷政策は過激なものではない。逆に、保守的であったと評価できる。

信長が革新的であるという先入観が大きく影響し、「信長ならば皇位を脅かそうとしたに違いない」という前提で研究が進められてきたのではないだろうか。しかし、丁寧に一次史料を解釈すれば、信長は天皇に対する奉仕も怠らなかったことが理解できよう。したがって、現在では信長が天皇を圧迫し、両者が対立していたという理解は、ほぼまったく支持されていない。

もちろん、朝廷が背後で光秀を操り、信長を討たせたなどということはあり得ないのである。

第四章
四国政策説

信長による四国政策の変更

本章で取り上げるのは、信長による四国政策の変更が本能寺の変の引き金になったという説である。この説の要点は、信長が四国政策を変更したことで光秀の立場が悪くなり、本能寺の変の原因になったということである。

四国政策とは、信長が土佐の長宗我部元親に「四国は切り取り次第である」と約束したことである（『元親記《もとちかき》』）。『元親記』に書かれた「切り取り」の意味とは、元親が他国に攻め込んで相手を倒した場合は、信長がその国を元親の領土として認めるということである。元親は、信長から実力による四国統一を認められたことになろう。

信長のお墨付きを得た元親は四国統一に邁進したが、のちに信長は約束を撤回した。信長の方針転換に元親は反発し、両者の関係は決裂したのである。このことは、決して光秀の地位と無関係ではなかったという。その理由は、当時、織田方で元親の取次（仲介役）を担当していたのが光秀だったからである。光秀は取次として、最初は「四国は切り取り次第である」という信長の意向を元親に伝えていた。光秀は急な方針転換により、光秀は立場が悪くなり、信長と元親との間で苦悩することになる。

結局、光秀は信長の四国政策の変更により立場を失い、失脚を恐れた。そして、本能寺の変で信長を死に追い込んだというのである。

『元親記』という史料

信長が元親に「四国切り取り」の自由を承認したことは、『元親記』という軍記物語に書かれている。『元親記』とは、どのような史料なのだろうか。

『元親記』は、寛永八年（一六三一）に長宗我部氏の旧臣・高島孫右衛門正重が元親の三十三回忌に著した書物である。長宗我部氏の滅亡後、正重は土佐に入封した山内氏に仕えたという。同書の内容は長宗我部氏の来歴から筆を起こし、上・中・下の三巻にわたって、元親の生涯を描いたものである。順序立てて計画的に書かれているので、文章は比較的整っていると評価される。

現在、『元親記』は活字化され、『戦国史料叢書　四国史料集』（人物往来社）に収録されている。

これまで『元親記』は、長宗我部氏の近臣が執筆したこと、加えて成立年が早いことから、高い価値を持った史料であるとして利用されてきた。それは、高知県内の中世史料が少ないことも影響しているだろう。同書によって、元親の文化的側面（教養、趣味、信仰）などがわかるメリットもあるが、さまざまなことが誇張して描かれている点も否定できない。

同書には高い評価があるものの、二次史料であることから、十分な史料批判が必要なことも間違いない。二次史料は、執筆者の意図（この場合は長宗我部氏の顕彰）に基づき書かれているうえに、記憶違いなどもあると思われる。したがって、全面的に信を置いて根拠史料とするには、躊躇する点があるのも事実である。

『元親記』には、「この由緒を以て、四国の儀は元親手柄次第に切り取り候へと御朱印頂戴されたり」と書かれている。ただ、本文中の「四国の儀は元親手柄次第に切り取り候へ」という信長の朱印状は現存していないので、記述内容を疑ってかかることが必要ではないだろうか。史料中の「この由緒」とは、先述した信長が元親の子・信親に「信」の一字を授け、阿波在陣を許した書状であると考えられる。

元親が信長と手を組んだのは、三好氏が阿波や讃岐で相当な勢力を保持していたからだった。そもそも三好氏は、阿波や讃岐の守護を務めた細川氏の配下にあり、守護代などの要職を務めていた。ところが、十六世紀半ば以降、主家の細川氏が没落するのに対して、家臣の三好長慶《ながよし》が大きな力を持つようになった。長慶は永禄七年（一五六四）に亡くなるが、以後の阿波三好家は信長だけでなく、元親とも敵対関係していた。三好氏は元親と信長にとって、共通の敵だったのである。

その他の記述

光秀が取次に起用された理由は、家臣斎藤利三の弟・石谷頼辰《いしがいよりとき》の妹が元親の妻であったからであるといわれている。濃密な人間関係（あるいは婚姻関係）は、交渉の際には欠かせなかった。加えて、光秀が有能な家臣であったことも、十分に考慮されたと考えられる。四国統一を成し遂げようとした長宗我部氏は、信長の大事なパートナーだった。

信長が四国政策を変更したことによって問題が生じたことは、早くから高柳光壽《みつとし》氏により指摘されていた（高柳：一九五八）。その後、藤田達生、桐野作人の各氏らによって研究が深められ（藤田：二〇一〇、桐野：二〇〇七）、今もこの問題はホットな話題として追究されている。しかし、四国政策に関する一次史料が乏しいため、根拠を『元親記』などの二次史料に求めざるを得ない事情があった。

たとえば、光秀の家臣・斎藤利三が四国政策に関わり、本能寺の変に積極的に関与したと思しき二次史料が残っている。次に、二つの史料を挙げておこう。

①『元親記』――扨《さ》て、斎藤内蔵助（利三）は四国の儀を気遣に存ずるによってなり。明智殿謀叛の事差急がれ、既に六月二日に信長卿御腹めさるゝ。
②『長曽我部譜』――四国違変によりて、斎藤（利三）殃《わざわ》ひがその身に及ぶを思ひ、明智をして謀叛せしめんと存ず。

二つの記事を読むと、利三は光秀とともに長宗我部氏との取次を担当していたが、信長による四国政策の変更によって、かえってその身が危うくなったと書いている。そこで、利三は主君の光秀をもってして、本能寺の変を起こさせたというのである。利三は光秀の重臣でもあったので、この記事は注目された。
①を読む限りでは、もともと謀叛の計画があったが、四国政策の変更によって急がせたと読める。②を読むと、危険が及んだのは光秀ではなく、利三のほうだったと書いている。い

ずれも長宗我部方の二次史料であり、この記述を裏付けるだけのたしかな史料はない。なお、光秀や利三を巡る人間関係は後述することにし、先に当時における四国の情勢を考えることにしよう。

四国の政治情勢を探る史料

繰り返しになるが、当該期の四国をめぐる政治動向に関する研究は、一次史料の制約という大きな問題が横たわっている。

そもそも四国は、全般的に中世史料が乏しい地域である。特に阿波国については、一九一三年に刊行された『阿波国徴古雑抄《あわのくにちょうこざつしょう》（小杉榲邨編、日本歴史地理学会）』が今も使われるほどで、史料的な制約が特に厳しい。そして、それらの絶版となった史料集は入手し難く、古書でも高価な値が付いている。問題は一次史料が少ないうえに、多くの文書が無年号ということである。文書の年次比定も難しい問題であり、見解の相違を生み出す要因となっている。

そうした史料上の問題もあって、どうしても使わざるを得ないのが二次史料である。本章でも触れたとおり、一連の四国政策の検証については、『元親記』『土佐物語』『長元記』『南海通記』といった二次史料が使われた。『細川家記』が質の劣る『明智軍記』を参照した例があるように、名門の家の正史であるから正しいとも限らない。こうした点には、十分に注意しなくてはならない。また、二次史料が決定的な根拠の出発点になっているのは問題であり、論者によって主張の相違が見られる要因と考える。

ところが二〇一四年、岡山市北区の林原美術館で「石谷家文書《いしがいけもんじょ》」が発見され、浅利尚民《なおみ》など編『石谷家文書　将軍側近のみた戦国乱世』(吉川弘文館、二〇一五年)として刊行された。「石谷家文書」は、室町幕府奉公衆を務めた石谷光政《みつまさ》・頼辰《よりとき》親子二代にわたる文書群である。分量は全三巻四十七通におよび、貴重な史料群と評価されている。土佐・長宗我部氏の研究だけではなく、中世史研究全体に福音をもたらした。

「石谷家文書」が公開されると、マスコミの報道により本能寺の変の謎がすべて解明されたかのような印象を受けたが、それは正しいとは言えない。「石谷家文書」を読んだだけでは、本能寺の変の謎は解けない。これまで信長と元親との関係は、主に二次史料によって語られてきたが、「石谷家文書」の出現によって裏付けられる事実も見いだされ、従来の誤りを正した点はある。しかし、そこに本能寺の変の答えが書いてあるわけではないのだ。

本章では先行研究や新出史料などに基づき、信長の四国政策の変更や光秀の立場などについて考え、四国政策説の当否を考えてみたいと思う。

長宗我部氏の四国統一と信長

天正元年（一五七三）に信長が足利義昭を京都から追放して以後、土佐の長宗我部氏は四国統一を成し遂げるべく各地に出陣していた。

天正二年（一五七四）、長宗我部元親は土佐中村（高知県中村市）の一条兼定を豊後国に放逐すると、翌年には国内の敵対勢力を討伐して有力領主層を配下に収め、悲願の土佐統一を果たした。天正四年（一五七六）以降、元親は伊予《いよ》、讃岐《さぬき》、阿波へと攻め込み、四国統一を大きな目的とした。その際、元親は信長と友好関係を築き、四国切り取りの自由を認めさせることにより、スムーズに戦いを展開しようとしたのである。

元親と信長が関係の強化を図った事実は、天正三年（一五七五）十月に信長が元親の子・信親に対して偏諱《へんき》を授けた（信長の「信」字）ことが確認できる（『土佐国蠹簡集《とさのくにとかんしゅう》』）。「信」字は織田家の通字《とおりじ》なので（信長の父は信秀で「信」が共通）、いかに信長が元親をパートナーとして重要視していたかがわかる。主君が家臣に偏諱を与え、強い紐帯《ちゅうたい》を結んだことは、当時ではごく普通のことであった。

このとき同時に、信親は阿波での在陣を認められており、その際に明智光秀が取次を務めたことが判明する。同書状の末尾には、「猶《なお》、惟任（光秀）申すべく候也」とあるので、このとき織田方で長宗我部氏の取次を担当したのが光秀だったことがわかる。現在でも同じであるが、トップ同士が直接書状のやり取りをする例は少なく、間に取次たる家臣を介するのが普通だった。

ところで、信長が信親に「信」字を授けたのは事実であるが、その年次は「石谷家文書」により修正されている。天正六年（一五七八）に比定される十二月十六日付の長宗我部元親書状（石谷頼辰宛）には、信長から御朱印を下されたこと、「信」の字が信親に与えられたことなどが書かれている。

天正六年に比定された理由は、書状に荒木村重《むらしげ》が叛旗を翻した一件が書かれているからである。現時点では、信親への偏諱授与は天正三年（一五七五）ではなく、天正六年が正しいと指摘されている。したがって、『土佐国蠹簡集』所収の信長書状は、天正六年に比定されるべきであると考えてよいだろう。

このようにして、元親と信長は友好関係を深めた。互いに信頼関係を結んだ信長は、元親に「四国切り取り」の自由を認めたのである。

元親と大津御所体制とは

信長と元親との関係は、どのように考えられているのだろうか。秋澤繁氏は「大津御所体制」という概念を提示し、土佐の中世史学界を中心に大方の支持を得ている（秋澤：二〇〇〇）。ちなみに大津（高知市）とは、内政《ただまさ》が本拠とした大津城のことである。では、大津御所体制とは、どのような体制なのか。

大津御所体制とは、土佐国の形式的な国主として一条内政（兼定の子）を戴き、元親がこの体制を実力で規定するという考え方である。元親の地位は「信長により大津御所（公家）輔佐を命ぜられた武家に過ぎず、御所体制内に封じ込められた不完全大名（陪臣）」と位置付けられた（『信長公記』）。大津御所体制は、元親と内政の妥協の産物と指摘されている。長宗我部氏は土佐国内の実質的なトップであったが、一条氏の権威を重要視した見解である。

元亀四年（一五七三）六月から天正三年（一五七五）五月にかけて、土佐一条氏の本家の一条内基《うちもと》が土佐に在国した。内基が土佐に在国した理由は、土佐一条氏の家臣団からの要請によるものだった。内基は内政の救援に向かい、元親に支援を要請したといわれている。内基が目論んだのは、公家大名から在国大名への縮小・転換であり、内基は内政の後見を受諾したという。内政の「内」字は、内基から偏諱を授与されたと考えられる。ただ、公家大名とは、定義としては不十分なところがある。

右の経過を経て、信長は大津御所体制と元親の四国統一を認め、大津御所体制の後援者が摂関家の一条内基であったことを重要視したという。信長が大津御所を承認したのは、元親と大津御所体制を二重にコントロールできるからだったとされている。信長は一条氏の大津御所を通して、長宗我部氏を統制しようと考えたと秋澤氏は指摘する。

一条氏と長宗我部氏の関係は、『多聞院日記』天正十三年六月二十一日条に長宗我部氏は「土佐一条殿の内一段の武者也」とあり、先述した『信長公記』天正八年六月二十六日条にも「土佐国捕佐せしめ候長宗我部土佐守」と書かれている。

以上の記述は『土佐物語』などの二次史料も交え、大津御所体制の重要な根拠となっている。共通した点は、ともに長宗我部氏を土佐一条氏の格下に位置付けていることである。『多聞院日記』の記述は、長宗我部氏が土佐一条氏の内衆になっており、あたかも一条氏が土佐国の支配者であるかのような印象を受ける。果たして、大津御所体制をどのように考えるべきだろうか。

大津御所体制の検討

大津御所体制はおおむね受け入れられていると述べたが、反対する意見はないのだろうか。中脇聖《たかし》氏は、研究報告の中で「大津御所体制」を子細に検討し、四点にわたって批判を行っている（中脇：二〇一三）。

第一に、「大津御所体制」の立脚点にあるのは『土佐物語』などの後世の編纂物に過ぎず、内政に関する一次史料は極めて僅少ということである。宝永五年（一七〇八）に成立した『土佐物語』は、土佐の吉田孝世《たかよ》が執筆した軍記物語で、長宗我部氏の興亡を描いている。ただし、一条兼定を暗愚な武将として描くなど、偏った記述に問題がある。そのまま内容を鵜呑みにしてはならない史料である。

第二に、『信長公記』の記事は、対長宗我部政策（四国政策）のため、あえて長宗我部氏を土佐一条氏の下に位置付けていると指摘されている。そうすることで、長宗我部氏の格を押し下げようとしたのだろう。これは信長の長宗我部氏に対する認識の問題であるが、しょせんは土佐の田舎大名と考えて、この頃はさほど脅威に思っていなかったのかもしれない。『多聞院日記』は、一条氏（藤原氏）の氏寺である奈良・興福寺の塔頭《たっちゅう》・多聞院の院主が記したものである。当然、多聞院の院主からすれば、長宗我部氏は一条氏の格下と考えるので、そのように表現したのだろう。多聞院主の長宗我部氏に対する認識は、その程度のものだったと考えられる。

第三に、公家出身の内政は軍事的な脅威にはなりえず、単に長宗我部氏の傀儡に過ぎない。仮に、一条氏が土佐国内で形式的に「礼の秩序」の最上位に位置付けられたとしても、実際に土佐国内で実権を掌握していたのは長宗我部氏である。つまり、一条氏の権威的な存在と実際の権力のあり方が混同している印象が否めない。

第四に、信長やのちの秀吉も含めて、長宗我部氏を統制するために「大津御所体制」を利用する理由が十分に検討されていないことがある。これは「大津御所体制」の内実にも関係するが、ほとんど実態が不明なのである。つまり、「大津御所体制」とは二次史料に基づく表現上の問題に過ぎず、史料などによって中身が十分に議論された産物ではない、ということができる。

以上のように考えると、「大津御所体制」の実態はほとんど解明されておらず、概念として認めるわけにはいかない。信長はもはや形式的な存在に過ぎない一条氏ではなく、元親を土佐の支配者として認めたのは自明であり、「捕佐（補佐）」という言葉は当時の認識に過ぎない。そうでなければ、『信長公記』にあれだけ長宗我部氏の記述は出てこないだろう。

複雑な人間関係

意外に知られていないのは、長宗我部元親と光秀の家臣らの婚姻関係や濃密な人間関係である。光秀が取次を担当した背景には、こうした事情もあったようである。

先述のように長宗我部元親の妻は、室町幕府奉公衆である石谷頼辰の妹であった。奉公衆とは、幕府の直臣である。ただ残念なことに、元親が石谷頼辰の妹を妻に迎えた理由がよくわかっていない。

頼辰は美濃の斎藤利賢《としかた》の長男として誕生したが、のちに石谷家の養子となる。頼辰の弟は、光秀の家臣となった斎藤利三である。『美濃国諸家系譜』を確認すると、利三の兄（頼辰）は「某　石谷兵部少輔」と記されており、明智光秀に仕えていたと注記されている。頼辰の実名も「某」となっており、残念ながら記されていない。

頼辰の養父は光政で、二人は室町幕府の奉公衆だった（『永禄六年諸役人附』）。光政は幕府に仕えていたが、のちに長宗我部氏に仕えることになり、信長との取次役を担当するようになった。一方の頼辰も幕府に仕えていたが、のちに光秀の家臣になった。次男の利三ではなく、長男の頼辰が石谷家の養子に入った経緯も詳しくわからない。

利三の生母は、光秀の妹または叔母であったといわれている。光秀と利三は、妹（あるいは叔母）を介して深い関係にあった。明智、斎藤、石谷の三者の関係は、非常に濃密であったことがわかる。

つまり、明智、斎藤、石谷、長宗我部の四者は、主従関係と血縁関係で結ばれていたのである。それゆえ光秀は、長宗我部氏の取次を担当したと考えられる。取次として起用する場合、交渉相手と何の縁もゆかりもない人物を起用するよりも、何らかの関係を有した人物を登用するのは当然であろう。

元親は信長と強固な関係を築くと、四国内に次々と出兵した。天正九年（一五八一）頃までに本国の土佐だけでなく、隣接する阿波・讃岐の一部を支配下に収めた。長宗我部氏による四国統一は、もはや時間の問題だった。ところが、この天正九年を境にして、四国を巡る政治情勢は一変した。

その情勢変化をもたらしたのが信長による四国政策の転換であり、長宗我部氏にとってそれは大きな死活問題となったのである。

存保の阿波渡海

戦国時代における阿波国の政治的状況は、複雑かつ流動的だった。土佐の長宗我部氏が讃岐や阿波南西部に攻め込むと、天正六年（一五七八）一月には三好長治の実弟・十河存保《そごうまさやす》が阿波の勝瑞城《しょうずい》（徳島県藍住町）に入った。なお、存保は三好姓を名乗っていたが、以下、よく知られた十河で表記を統一する。

もともと長治は阿波国を支配下に収めていたが、元親と細川真之《さねゆき》の連合軍と戦って敗死したという。『南海通記』という史料によると、存保は信長の命を受けて阿波に向かったとあるが、ほかに裏付ける史料がない。むしろ、阿波渡海後の存保が元親と戦っている事実を考慮すると、疑問を感じるところですらある。

ただし、天正六、七年（一五七八、七九）の期間については、信長と元親との関係を示す史料が少なく、両者の交渉などが詳しくわからない。この頃の四国情勢が判明する一次史料が不足しており、二次史料を用いる状況が続いた。とはいいながらも、それ以前に信長が元親に「四国は切り取り次第」と許可しながら、一方で存保に阿波渡海を命じて元親と戦っているのは明らかに矛盾しており、検討を要する。

天野忠幸氏はこの点について、存保は反信長派であり、阿波に渡海して三好氏の再興を画策したと指摘する（天野：二〇一二）。存保が十河から三好に改姓したのは、三好氏の復権を強く意識したからだった。天正六年以降、信長と友好関係にあった元親は、信長に対抗する存保と阿波で交戦していたのである。これなら話のつじつまが合う。

元親の書状

天正八年（一五八〇）十一月、元親は羽柴（豊臣）秀吉に書状を送った（「吉田文書」）。元親はその書状のなかで、阿波における十河氏との有利な交戦状況を報告するとともに、「阿・讃平均においては、不肖の身上たるといえども、西国表御手遣いの節は、随分相当の御馳走致し粉骨を詢《はか》るべき念願ばかりに候」と書いている。これは、どのように考えたらいいのだろうか。

この部分の解釈については、阿波・讃岐両国が平定されたのち、元親がその領有権を希望したとの見解がある。しかし、そのように読むよりも、「阿波・讃岐が平定されたときは、（元親は）不肖の身ではあるが、西国方面攻略で最大限の努力をしたい」という元親の気持ちを表現したものになるのではないか。

もちろん平均には平定という意味があるが、元親による領有までは読み取れないように思える。書状の解釈が変わるなら、長宗我部氏が四国統一を目指した際、あらかじめ信長の許可を得ていたという説に疑問が生じる。阿波・讃岐の平定の主体が、信長と元親のどちらにあるのかということである。

同じ書状のなかで、元親は三好康長《やすなが》が近いうちに讃岐国にやって来て、安富館まで下国する旨を記している。康長は存保と同じ三好一族で、当時はすでに信長の配下に収まっていた。康長の讃岐への渡海は、当該地域の領有権に関わる問題なので、康長が元親と敵対していたという見解がある。

ところが、康長が信長の配下に収まっていたのは事実であり、元親は信長と友好的な関係にあった。康長が阿波に渡海した理由は、元親とともに存保を討つことにあったので、二人が反目しあう関係だったとはいえないだろう。康長は讃岐から侵攻し、次に阿波攻略を予定していたと考えられる。

天正八年（一五八〇）六月、元親は明智光秀の取り成しにより、信長に鷹や砂糖を贈っている（『信長公記』）。同じく、元親は信長に伊予鶴を贈り、大坂本願寺の降伏を祝した（『土佐国蠹簡集《とかん》』）。その際、信長は元親の隣国との抗争に触れているが、それが元親に関係する阿波・讃岐を指すのは明らかで、その際も光秀が取次を担当した。いうまでもなく、信長と元親との関係は、変わらず良好だった。

右の経緯を見る限り、この段階で未だに阿波・讃岐の平定は成し遂げられておらず、戦闘が続いていた状況がうかがえる。

香宗我部親泰への書状

天正九年（一五八一）六月、信長は元親の実弟である香宗我部親泰《こうそかべちかやす》に書状を送った（「香宗我部家伝証文」）。香宗我部家は土佐の名門だったが、長宗我部氏に併呑《へいどん》されていた。信長書状には三好康長（署名は「康慶」）の副状《そえじょう》も添付されており、信長の書状とほぼ同趣旨の内容である（「古証文」）。信長が元親に送った書状は、光秀の立場を悪くした内容だったといわれている。

諏訪勝則氏（諏訪：二〇一二）や天野忠幸氏（天野：二〇一二）がそれぞれ指摘するように、署名の「康慶」とは三好長慶の「慶」字を取ったものと考えられる。康長は最盛期を築いた長慶の一字を用いることにより、三好本宗家の後継者たろうと意思表明したと考えられる（以下、「康長」で統一）。

書状の内容は、あくまで元親が阿波支配の主導権を握りつつも、三好式部少輔《しきぶのしょう》との共同支配を命じたものである。三好式部少輔の事績は不明な点が多いが、三好氏一族なのはたしかであろう。これまで長宗我部氏の取次（副状《そえじょう》の発給者）は光秀であったが、今回は康長が副状を発給しているので、光秀は取次の立場から更迭されたとこれまで指摘されてきた。取次を更迭されたことが、光秀の立場が悪くなった証左とされているのである。

この史料の評価をめぐっては、元親の不満を煽《あお》る結果になったとするものが多い。もともと信長は、元親に対して「四国は切り取り次第」であると明言していた。この書状により、元親は三好式部少輔との共同支配という指示に対して、「四国切り取り次第」の約束を無視されたと怒りを禁じえなかったといわれている。

右の一次史料を補うかのように用いられたのは、編纂物の『元親記』や『南海通記』である。信長は「四国の儀は元親手柄次第に切り取り候へ」と許可したが、信長の朱印状に違約があった。信長は元親に伊予・讃岐を収公し、本国の土佐に阿波南郡半国を加えて給与すると変更した。元親は信長が約束違反をしたうえに、自らの軍事行動で獲得した地域を放棄することになるので、強い不満を抱いたという。

一方で、不満を持ったのは、康長も同じだったといわれている。康長は三好式部少輔の後見人になったものの、信長が元親に実質的な阿波領有を認めたので、納得がいかない心境だったと推測されている。つまり、元親も康長も単独での阿波領有を希望していたので、互いに不満だけが残ったということになる。

もう一つ重要なのは、信長が光秀を長宗我部氏の取次から更迭し、代わりに康長を起用したということである。元親は光秀の更迭に反発し、信長との関係を断って叛旗を翻したと指摘されているが、そのような事実を示す確かな史料はない。あえて言うならば、「元親がそう考えたであろう」ということか。とはいえ、更迭とは穏やかではなく、光秀は強い危機感を抱いたということになろう。おまけに後述するとおり、光秀は信長の将来構想から外れており、国替えの予定だったと指摘されている。

　このように、光秀、元親、康長は信長の方針転換に対して、大いに不満を持ったと指摘されているが、実際はどうだったのだろうか。

「四国切り取り」の自由への疑問

　一連の四国情勢の経緯を見る限り、信長が阿波の領有に本腰を入れ、元親への「四国切り取り」の自由を撤回したうえで、光秀を取次から更迭して康長を起用するなどしたかのように思える。しかし、決して疑問がないわけでもない。その理由は、元親や光秀らにあえて不満が残る措置をしても、信長には何のメリットもないからである。それは極めて不合理な決断である。

　さすがの元親であっても、阿波領有が難航したのは事実なので、平定が進まなかったのは本当だったのだろう。そこで、信長は康長に河内支配を任せていたが、阿波に土地勘があることを考慮して、渡海を命じたと考えられなくもない。また、実際に光秀が取次から更迭されたことを示す裏付け史料もない。

信長が元親に認めた「四国の儀は元親手柄次第に切り取り候へ」についても、『元親記』という二次史料に書かれていることで、安易に信じるわけにはいかない。三好式部少輔の件についても康長も元親も不満を抱いたというが、そういう懸念材料があるにもかかわらず、あえて信長が敵愾心《てきがいしん》を煽るような命令を下したのであろうか。

そもそもの問題として、信長が元親に「四国切り取り」の自由を認めたこと自体が疑問である。本当にそういう約束を交わしたのだろうか。また、三好式部少輔の件などについても、信長は元親や康長らを納得させるため、あらかじめ了解を得ていたのではないかと思える。

私の見解をまとめると、次のようになる。

信長の真意とは

第一に、信長が元親に「四国切り取り」の自由を認めたとは、ほかの大名に対して類似した例がないうえに、あまりに荒唐無稽である。せいぜい四国平定後に元親の意向を汲んで、有利な領知配分を認めた程度ではなかったのか。「四国切り取り」の自由というのは、軍記物語特有の大袈裟な表現に過ぎない。

第二に、康長と元親の二人が敵対していたとみなす必要もなければ、その事実を示す史料もない。反信長の十河存保が阿波・讃岐で決起したので、信長は単に元親と康長に存保の討伐を望んだに過ぎないと考えられる。そのほうが考え方としては、合理的ではないのか。

第三に、光秀が長宗我部氏の取次を更迭されたとは言い難く、後述するとおり後に再び取次を務めていたことがわかっている。康長が取次を務めた理由は、阿波や讃岐の土地勘があったので、その件においては光秀よりふさわしいと考えたにすぎない。その後の関係に大きな変化が見られないことなどを考慮しても、光秀が完全に信長から見放されたとは言えないであろう。信長が光秀を重用したのは、これまで通りで変わりなかった。

元親は四国平定に向かって阿波へ侵攻したが、苦戦を強いられていたのではなかったか。そこで、信長は康長を阿波へ送り込み、元親とともに戦うように命じた。二人が一緒に戦うのだから、取次が康長になっても何ら不思議はない。元親としても、信長の提案を受け入れざるを得なかっただろう。

ところが、右のように指摘したものの、信長と元親の関係が悪化していたという史料が提示されている。それらの史料は、天正九年（一五八一）の段階で元親が毛利氏などの勢力と結託していたことを示しているというが、事実なのだろうか。

以下、そうした史料を取り上げ、検証をしておきたい。

元親は信長と断交したのか

当時の元親の動きを追ってみよう。天正九年（一五八一）七月、元親は伊予の金子元宅《もといえ》に起請文を捧げ同盟を結んだ（「金子文書」）。もともと金子氏は、伊予国宇摩郡・新居郡に勢力基盤を置く石川氏に与していた。ところが、当時の石川氏は衰退しつつあり、その隙をついて金子氏が勢力を広げていた。

元親が金子氏と同盟を結んだ理由は、阿波、讃岐、土佐の三ヵ国に宇摩郡が接していたからだろう。これ以前から元親は伊予河野氏と交戦状態に入っており、背後で毛利氏が河野氏を支援していた。元親と金子氏の同盟は、毛利氏への対策が主眼であって、信長に対抗するためのものではなかったと考えられる。

もっとも重要なことは、天正九年八月頃から元親が毛利氏と結託したと指摘されたことである。二人が結んだ理由は、元親が信長から先述した三好式部少輔との阿波共同支配を命じられたことに対抗する手段と考えられている。

仮に、天正九年八月頃から元親が毛利氏と結託したならば、当時、毛利氏は信長と交戦状態にあったので、実質的に信長と断交して対抗したことになる。しかし、一連の事実を示す史料には、年次が付されていないので、本当に天正九年の出来事なのか疑義も提示されている。
以下、根拠となる「乃美文書」と「個人蔵文書」の年次は、仮に天正九年として経緯を説明するが、年次についてはあとで検討する。

経緯の確認

天正九年（一五八一）八月、元親は乃美宗勝《のみむねかつ》に書状を送り、同盟を結んだ（「乃美文書」）。宗勝は小早川氏配下の武将で、当時は讃岐国天霧城（香川県善通寺市）にいた。天霧城主は香川信景《のぶかげ》だったが、以前から三好氏や長宗我部氏に攻め込まれて苦境に陥っていた。特に、天正六年（一五七八）の長宗我部氏の讃岐侵攻は深刻だった。なお、信景の「信」字は信長から与えられたものである。

翌天正七年（一五七九）九月、一転して信景は元親と和睦を結んだ。元親は信景のもとに次男・親政（親和）を養子に送り込み、香川家の家督を継がせようとし、同盟の証としたのである。天正九年八月、長宗我部氏と香川氏の同盟が実現したので、その関係から毛利氏との同盟も成立したといわれている。

天正九年八月、元親は同じ頃に紀伊雑賀衆《きいさいかしゅう》の賀太乗慶《かたじょうけい》に書状を送った（「個人蔵文書」）。

この史料の文面には「上意」と書かれており、それは将軍・足利義昭の意向を示している。書状の内容は船奉行としての賀太乗慶の役割や廻船に関わるもので、「上意（＝足利義昭の意向）」による、元親、義昭、乗慶の連携が考えられている。また、義昭は毛利氏の庇護下に入っていたので、毛利氏との連携も想定される。つまり、この史料は、元親と毛利氏の連携を示すと指摘されている。

元親が毛利氏と連携した理由

二つの史料がなぜ天正九年（一五八一）に比定されたのか、理由を考えてみる必要がある。主に二つの理由が考えられる。

第一に、天正八年（一五八〇）八月以前では、元親が信長と同盟関係にあったので成り立たないということである。第二に、天正十年（一五八二）八月以降では、毛利氏が本能寺の変後に秀吉と和睦を結んだので成り立たないことである。以上の理由から、一連の史料の年次が天正九年に比定されたのである。

第二の理由について、もう少し説明しておこう。天正十年六月二日に本能寺の変が勃発し、光秀は信長を自害に追い込んだ。当時、秀吉は備中高松城で毛利方の清水宗治と交戦中だったが、ただちに和睦を締結して上洛し、山崎の戦いで光秀を討ち破った。上洛時に秀吉と毛利氏は和睦を結んだのだから、天正十年八月に毛利氏と長宗我部氏が同盟を締結するのは矛盾した話である。

もう少し和睦の内実に触れておこう。毛利氏が秀吉と和睦を結んだ最初の条件は、清水宗治が切腹して備中高松城を開城することだった。懸案事項の中国国分《くにわけ》(領土の画定)は、棚上げされたのである。中国国分は毛利氏領国の範囲が問題となっており、和睦したとはいえ予断を許さなかった。

未だに、柴田勝家などの信長の重臣の存在も侮ることができず、必ずしも秀吉の天下獲りは既定路線とは言えなかった。つまり、以上の点を考慮すれば、元親と毛利氏が天正十年八月に水面下で連絡を取り合い、秀吉に対抗しようと考えても決して不思議はなかったといえる。

従前では天正九年九月以降、元親が毛利氏と結んだので、信長は秀吉に長宗我部氏の討伐を命じたとされてきた。「黒田家文書」や『黒田家譜』などの史料に拠ると、秀吉の命を受けた黒田孝高は、淡路・阿波領国への攻撃を展開したといわれている。一連の戦いで勝利した秀吉は、淡路および阿波東部から讃岐東部にかけての地域を支配下に収めたと指摘されている。この点については、どう考えるべきだろうか。

その後の研究の進展

秀吉が淡路・阿波などに攻め込んだことについては、尾下成敏氏から疑問点が示されている（尾下：二〇〇九）。

尾下氏は『黒田家譜』に記されている天正九年（一五八一）九月以降の淡路・阿波出兵の記事について、年次が誤っているので信頼できないと指摘している。『黒田家譜』は、黒田氏の正史であるとして「信頼できる史料」と位置付けられてきたが、基本的に編纂物なので誤りもあるといえよう。

そして、もっとも大きなポイントは、「黒田家文書」などの無年号文書の年次比定にある。尾下氏は秀吉が黒田孝高に宛てた書状五点について、当該期の政治情勢などを交えて子細に分析した。その結果、一連の史料の年次を天正九年とするのは間違いで、天正十年（一五八二）が正しいことが判明した。むろん、ほかにも年次比定の案はあるが、尾下説がもっとも妥当であると考える。

天正九年七月から十月の間、秀吉による淡路・阿波侵攻がなかったならば、この間における信長と元親との対立はなかったと考えられる。つまり、元親が毛利氏と結んだのは天正九年ではなく、天正十年が正しいということなのである。先の「乃美文書」と「個人蔵文書」

の年次は天正九年ではなく、天正十年だった。次に、天正十年二月以降、信長による四国出兵が本格化したという説を検討しよう。

四国出兵の異議

天正十年（一五八二）一月十一日、光秀の家臣・斎藤利三が長宗我部氏配下の空然《くうねん》（石谷光政）に書状を送った（「石谷家文書」）。書状の内容を確認しておこう。

元親の依頼事項を示した書状に対して、信長が返事の朱印状を発給した。そして、その後のことについては、信長の朱印状に従うことがもっとももであると利三は述べている。追伸の部分では、信長の朱印状の趣旨は元親のためであると書かれ、以後も光秀が元親を疎略にすることはないとある。元親と信長の間で何かあったようだが、肝心なことは詳しく書かれていない。

信長の朱印状は残っていないが、それは先述した『元親記』に書かれたことで、信長が元親に対して伊予・讃岐を収公し、阿波南郡半国を本国である土佐に加えて与えるということだと考えられている。「石谷家文書」の記述によって、『元親記』に書かれたことの蓋然性は高くなったかもしれないが、なお検討を要するだろう。また、少なくともこの時点まで、光秀が長宗我部氏との取次を担当していたことがわかったのである。

天正十年二月九日、信長は三好康長に四国出兵を命じた（『信長公記』）。その三ヵ月後の天正十年五月十一日、信長は三男の信孝に四国渡海の船を準備させた（『信長公記』）。これ以前の時点で、信長は信孝を養子として康長に送り込んでいたが、その理由は信孝に軍功を挙げさせたかったこと、そして阿波に土地勘のある康長の協力を得たかったことの二点が考えられる。

信長の朱印状

その事実を示すかのように、信長の朱印状（信孝宛）では冒頭の三ヵ条に重要なことが書かれている（「寺尾菊子氏所蔵文書」）。それは、第一に讃岐国を信長に与えること、第二に阿波国を康長に与えること、第三に残りの伊予・土佐については、信長が淡路に出馬した際に決定すると書かれている。

讃岐国を信孝に、阿波国を康長にそれぞれ与えた理由は、従来から指摘されているとおり、信長が中国計略を間近に控えて、瀬戸内海域で盤石《ばんじゃく》な体制を築きたかったからだろう。なお、残り二ヵ国（伊予・土佐）は信長が決定するという点については、後述することにしよう。

信長は右に示した三ヵ条を信孝に守ることを命じ、さらに次の二つのことを伝えた。それは、次の二点である。

第一に国人の忠否を質したうえで、用いることのできる者は登用し、追放すべき者は追放し、政道（国を治めること）以下を堅く申し付けることである。

第二に、万端、康長に対して君臣・父母の思いをなし、康長のために奔走して忠節を尽くすことである。

第一の点に関しては、阿波国人の扱いのことであり、従う者は支配下に組み込み、阿波攻略の尖兵と成すことであろう。第二の点は、信孝は当時まだ二十五歳で実戦経験が乏しかったので、四国（特に阿波）の事情に通じた養父の康長に従うよう求めたものである。目的は、信孝に軍功を挙げさせることだった。

天正十年（一五八二）五月十九日、元親が織田軍の侵攻を予測して、阿波の国人・木屋《こや》平《だい》氏にその旨を伝えたとの指摘がある（『阿波国徴古雑抄』）この書状は無年号文書であるが、天正十年という年次比定が誤っており、天正十三年（一五八五）が正しい。秀吉と元親との交戦時の書状で、信孝の四国進発とはまったく関係ない。

従来、康長と信孝の四国出兵は、長宗我部討伐のためだったと指摘されており、その前提として信長と元親との対立がクローズアップされた。しかし、この時期の阿波・讃岐の政治的な状況、そして信長と元親の関係は史料が乏しく、不明な点が多い。

ただし、改めて政治情勢や諸史料を検討することで、当時の阿波の実情などが浮かび上がってくるように思える。以下、もう少し考えてみよう。

阿波への侵攻

天正十年（一五八二）五月二十一日、元親は斎藤利三に書状を送った（「石谷家文書」）。内容を確認しておこう。

元親は一宮《いちのみや》城、夷山《えびすやま》城（以上、徳島市）、畑山《はたやま》城、牛岐《うしき》城（以上、徳島県阿南市）、仁宇《にう》城（徳島県那賀町）から退いており、この対応で信長の朱印に応じることとし、信長に披露《ひろう》（報告）を願ったようであるが、石谷頼辰は披露は困難であると述べたようである。元親はかなり焦っており、悪事を企てているつもりは毛頭なかったと述べている。信長と元親の関係が悪化していた状況がうかがえる。

続けて元親は、どのようなことがあっても海部《かいふ》城（徳島県海陽町）、大西城（徳島県三好市）だけは確保したいと述べている。これは阿波や讃岐を競望することを意味するのではなく、あくまで土佐の門（出入口）にあるので、認めてほしいというのである。これが、元親の望んだ最低の条件だった。

また、信長が東国平定（武田氏征伐）を成し遂げて帰陣したことはめでたいと称賛するなど、態度が一変している。元親が信長との関係回復ならびに事態の打開を望んだ様子がうかがえる。両者の間の使者を担当したのは、先述のとおり石谷頼辰だった。

元親が利三と頼辰を頼ったのは、取次だった三好康長が攻めてくるのだから、交渉ルートを変えたということになろう。頼辰の父・光政の娘は元親に嫁いでおり、頼辰の義理の妹になる。頼辰の娘は、元親の嫡男・信親の妻だった。こうした人間関係が作用したのは間違いない。

また、利三が直接、信長に交渉できるとは考えられないので、利三から光秀に元親の言い分が伝えられ、光秀から信長に交渉ということになろう。少なくとも、両者の交渉に光秀が絡んでいたと考えられる。しかし、元親の言い分は、最終的に受け入れられなかったようである。

信孝の制札

天正十年（一五八二）六月一日、信孝は四国進発に際して、阿波国が騒動になっているようなので制札《せいさつ》を遣わすという内容の書状を篠原自遁《じとん》に送った（『阿波国徴古雑抄』）。篠原自遁は長房の弟で、もともと篠原氏は阿波三好氏の重臣を務めた家柄である。この時点でも、阿波で少なからず威勢を誇っていた。

制札とは禁制《きんぜい》のことで、進駐した軍隊が現地の寺社や村落における乱妨行為を禁止したものである。それは、寺社や村落の要望により、金銭（制札銭）と引き換えに下付された。信孝が阿波に出陣する前に制札を遣わしたところを見ると、以前から阿波国内では信孝の軍勢を脅威と感じていたと推測される。

阿波では国人がかなりの威勢を誇っており、三年後の天正十三年（一五八五）に蜂須賀氏が阿波に入部した際には、四国山地の国人《こくじん》や名主・百姓層が激しく抵抗したことが知られている。新たな大名権力の入部に対する抵抗運動はよく見られたが、阿波での抵抗は約五年にわたって続いたという。信長にとって、こうした阿波国人の勢力は無視できない存在だったに違いない。

天正年間の阿波国では混乱が絶えなかったうえに、信孝ら新たな権力者が攻め込むことが国人衆《こくじんしゅう》を刺激した。国人勢力が外部勢力を警戒し、元親はもちろんのこと、信長の名代である康長や信孝を排除すべく運動した可能性がある。そういう事情を懸念した阿波の寺社や村落は、あらかじめ制札の下付を願ったのだろう。

そうした可能性があるならば、信長の信孝に対する指示事項である「国人の忠否を質し、用いることのできる者は登用し、追放すべき者は追放し、政道以下を堅く申し付ける」は、抵抗する阿波国人を排除し、与同する者は支配下に組み入れることを徹底したものと評価することができる。

いくら阿波国内が争乱状態とはいえ、すべての国人が反信長派であるとは限らない。味方として行動を共にする国人であればこれを用い、反対する国人は徹底して弾圧・追放することになる。

「石谷家文書」の出現によって、天正十年一月以降から信長と元親の関係が悪化したことが明らかとなり、同年五月には交戦を回避できないまでに陥っていたことが判明した。ただ、それが「四国切り取り」の自由を信長が撤回したからか否かまでは不明である。

次に、信長の四国プランを詳しく検討しておこう。

信長の四国プラン

ここで改めて天正十（一五八二）年五月に、讃岐国を信孝に、阿波国を三好康長にそれぞれ与え、残り二ヵ国（伊予・土佐）は信長が淡路に出馬した際に決定する、というプランについて考えてみよう。

普通に考えると、この時点ですでに讃岐と阿波は平定されており、二人がそれぞれの国を支配下に収めたかのようなイメージが残る。ところが、実際には未だ両国は平定されておらず、「両国を平定したうえで」という前提の計画だった。阿波などは、先述のとおり反信長の国人衆が待ち構えていた可能性がある。

残り二ヵ国（伊予・土佐）の問題についてカギを握るのは、伊勢の神戸慈円院住持《じゅうじ》・正以《しょうい》が伊勢神宮内宮の神官に送った書状である（「神宮文庫所蔵文庫」）。書状の内容を要約すると、だいたい次のようなことが書かれている。

信孝は長らく四国出兵を望んでおり、信孝が康長の養子になったのは、「表向き」つまり形式的なことであったという。尚々書に「四国きりとりの御朱印」とあるのは、先の四国出兵後のプランを示す信長の朱印状と考えてよい。一見すると、信孝には讃岐どころか、四国すべてを与えるかのような印象が残る。

結論を言えば、「四国きりとりの御朱印」というのは、単に信孝を鼓舞するための修辞的な表現にすぎない。伊勢方面には、その点がやや大袈裟に伝わったと考えられる。信長は毛利氏に対抗すべく、早急に瀬戸内海域に制海権を握る必要があった。伊予は毛利氏の影響力が強かったので、対策を講じる必要があったのである。

信長は二ヵ国（伊予・土佐）の問題を明確にせず、互いを競わせるためにグレーな表現に留めたに過ぎないのである。その点を次に考えてみよう。

信長の空手形

信長が諸将に対して、所領に関する空手形を口約束した例は、いくつかの事例を確認することができる。備前の浦上宗景《むねかげ》もその一人だろう、

天正元年（一五七三）十二月、宗景は長期にわたって播磨・三木城主の別所長治と抗争を繰り広げていたが、信長から戦いに終止符を打つべく、「備播作之朱印」を与えられた（「吉川家文書」）。「備播作之朱印」の具体的な内容は不明であるが、信長は宗景に播磨・備前・美作の三ヵ国の支配を任せたと推測される。

同時に信長は、長らく対立関係にあった宗景と別所氏を上洛させ、同じ座敷で両方に和睦を申し渡した。宗景に三ヵ国の支配を認めたのは、両者を早急に和解させたかったからだろう。むろん、朱印状の発給には金銭の負担が伴った。信長は「三ヶ国之朱印之礼」として、宗景へ過分な礼銭を要求したのである。

毛利氏の政僧・安国寺恵瓊《えけい》は「三ヶ国之朱印之礼」の意味を理解していたので、「おかしく候」との感想を口にした。宗景は金銭と引き換えに「備播作之朱印」を得たが、三ヵ国の確固たる実効支配が約束されたわけではない。単に形式的な話に過ぎなかった。その後、宗景が宇喜多直家と対立し、天正三年（一五七五）に居城の天神山城（岡山県和気町）を放逐

されたことは、よく知られた事実である。

信長の将来構想として注目されているのは、西国大名の配置構想である。天正八年（一五八〇）九月、信長は中川清秀に対して、「中国一両国を宛て行う」との朱印状を発給した（「中川家文書」）。ただ残念なことに、「中国一両国」が中国地方のどの国を具体的に示しているのか不明である。

天正九年十二月、羽柴（豊臣）秀吉は中川清秀に書状を送った（「武家雲箋」）。その内容で注目すべきは、宇喜多直家には備中国を与えるとあり、清秀には「備後の次の国（＝安芸ヵ）」を与えると書かれていることである。とはいいながらも、これが単なる予定に過ぎなかったのは明らかである。

当時、備中国は毛利氏が侵攻中であり、安芸は毛利氏の本国なのだから、即座に実効支配が可能な状況になかった。この段階では仮の約束あるいは空手形にすぎず、半ば実力で切り取るよう命じたようなものである。

改めて二ヵ国（伊予・土佐）の問題に戻ると、信長は阿波・讃岐を平定したうえで、伊予・土佐は状況を考慮したうえで判断をしようとしたと推測される。つまり、それは出陣する信孝や康長のやる気を促すための方便に過ぎなかった。信長が構想した西国大名の配置は、長い将来を見据えたものではなく、短期的に諸将の士気を鼓舞する方策だったのである。

養子となった秀次

同じ頃、秀吉が台頭することにより、光秀は立場がまずくなると恐れていたという。その根拠とは、天正九年（一五八一）三月までに康長が秀次（秀吉の甥）を養子に迎えたという藤田達生氏の説である（藤田：二〇〇三）。

秀次とは秀吉の姉・日秀とその夫の三好吉房《よしふさ》の子で、のちに秀吉の養子となり、関白になった人物である。甥の秀次を康長の養子に送り込むことで、秀吉が四国に勢力を伸ばす好機となり、取次役を退いた光秀は追い詰められたという。この説には、妥当性があるのだろうか。

秀次が康長の養子になった時期については、藤田氏の説以外にも、いつかの説が提示されている。

諏訪勝則《まさのり》氏は、秀次が康長の養子になった時期を詳しく分析した結果、天正十年（一五八二）六月二日の本能寺の変以降から同年十月二十二日までの間、という結論を導き出した（諏訪：二〇一二）。筆者も諏訪説に賛同するところである。

また、かつて秀次は、宮部継潤《けいじゅん》の養子でもあった。このことは周知のことであったが、一次史料で裏付けることができなかった。ところが、最近の堀越祐一氏の研究によって、秀次が継潤の養子であったことを示す天正九年五月二十一日付の秀次発給文書の紹介が行われた

（堀越：二〇一六）。紹介された史料に拠って、秀次は先に養子に入っていた信孝と入れ替わって、康長の養子になったことが判明する。

一連の研究によって、信孝が信長から四国進発を命じられたのが天正十年五月十一日のことなので、秀吉が康長の養子として甥の秀次を送り込み、三好氏を支援する形で四国に勢力を築こうとしたという指摘は成立しない。

したがって、秀吉と光秀の競合関係を重視し、秀吉に先んじられた光秀が危機感を感じていたという説は、成り立たないと考えられる。

信長の意図とは

従来説では、信長が四国政策を転換（長宗我部氏の四国統一を認めないなど）したため、元親の取次を担当していた光秀の立場が悪くなったとされてきた。光秀は取次を更迭され、代わりに三好康長が担当することになった。窮地に陥った光秀は、本能寺の変を起こしたというわけである。

ところが、それらの根拠は『元親記』といった二次史料であり、必ずしもそうとは言えないだろう。

では、信長の意図は、いったいどこにあったのだろうか。光秀の代わりに康長を起用したのは、阿波に土地勘があったからだろう。そして、康長が信孝をサポートすることで手柄を挙げさせ、讃岐・阿波の平定はもちろんのこと、瀬戸内海域に影響力を及ぼす点が第一義にあった。そこからさらに、領土拡大の志向があったのかもしれない。

信孝が四国出兵を行うに際して、「丹州国侍衆」に宛てた軍令書が残っている（「人見文書」）。信孝の軍令書は、かつて染谷光廣氏が偽文書であると指摘したことがある（染谷：一九八〇）。理由をごく簡単にいえば、軍令書の信孝の花押の形状は、現在残っている信孝の花押と違っているからである。

ところが、この前後における信孝の発給文書は少なく、花押の比較検討を行うのは非常に難しい。桐野氏の指摘によると（桐野：二〇〇七）、軍令所の内容には特に問題がないこと、花押の形状は信孝が三好氏の養子になったことを機に変えた可能性があること、という指摘があるように、偽文書ではないと考えてよいのではないだろうか。

軍令書の内容

書状の内容を確認しよう。内容は、丹波国侍に対して組（部隊）ごとに兵粮などを支給するとし、船は人数に応じて中船・小船を奉行に断って受け取り、海上や陣中では指示に従うように、と指示するものである。四国出兵に際して、信孝が細々とした注意事項を書き記したものだった。

この史料が光秀に関連して問題となったのは、丹波が光秀の支配下にあったにもかかわらず、信孝が越権行為によって軍事動員をかけたことである。このことに加えて、『明智軍記』に書かれた光秀が丹波・近江を召し上げられ、出雲・石見に移されるという点と関係づけられた。信孝が丹波で軍令を発したことは、光秀左遷説を裏付ける根拠となってしまったのである。

しかし、この軍令書を再確認すると、丹波の国侍はすでに動員されており、信長が動員したのではないかと桐野作人氏は指摘している。信長は信孝に四国出兵を命じる際、伊賀衆、甲賀衆、雑賀衆などの他国衆をつけるなどし、充実した軍事編成を実現させた。それは、もともとの信孝の軍事基盤が貧弱だったからだろう。丹波についても、同様の観点から軍事動員をかけたのだろう。

そう考えると、従来説の光秀が丹波・近江を取り上げられ、出雲・石見に左遷されるとか、信長がそれを頭ごなしに行ったのは、二人の関係悪化を示しているとの見解には大きな疑問が生じる。結論を言えば、光秀の左遷説は成り立たない。

そもそも『明智軍記』が信用できない史料であることに加えて、信長と光秀の関係が悪かったということを強調するため、ことさら二次史料などの悪い材料を持ち出す必要はないのである。

四国政策を考える

四国政策について結論をまとめると、次のようになろう。

信長が元親の四国切り取りの自由を認めたという記述は、二次史料の『元親記』にしか書かれておらず、もう少し検討が必要であろう。ただし、少なくとも天正十年（一五八二）一月の段階で、信長と元親、両者の関係が悪化しているのは明らかになった。理由は、元親の所領問題なのは明確で、信長は元親の希望に沿わないような提案をしたようである。

一方、信長の四国政策の変更が光秀に謀反の念を抱かせたという説には、にわかに賛同することができない。そもそも光秀は長宗我部氏の取次を更迭されたというが、むしろ交代というレベルの話である。しかも代わった三好康長は、阿波、讃岐などの土地勘もあり、取次として最適な人材だった。また、元親の交渉ルートとして、光秀の手筋も最後は利用されたのだから、光秀と信長の関係が悪かったとは言い難いだろう。信長と光秀の関係が悪かったならば、光秀のルートを使うのは得策ではない。

四国出兵に際して、信長の将来構想が明らかにされたが、それがどこまで本気だったのか、あるいは実現性が高かったのかは検討が必要である。信長が配下の部将らに空手形を出した例は少なからずあり、真に受ける話ではないように思える。加えて、二次史料に基づく光秀の左遷問題、あるいはライバル秀吉の台頭による不安などは、取るに足らない説であると考える。

四国政策説は近年クローズアップされた説であるが、それはあくまで信長と元親の問題であって、光秀との関係性は薄いように思える。ましてや、光秀の家臣の斎藤利三が光秀にけしかけて謀反を起こさせた説などは、とうてい受け入れ難いといえる。

第五章

その他の諸説

ここまでは、比較的よく知られた説を中心にして取り上げてきたが、ほかにも本能寺の変の原因については、数多くの説が提起されている。最初に、いくつかの説を取り上げておこう。

光秀はノイローゼだったのか

本能寺の変が起こった原因については、歴史研究者だけでなく、歴史作家、医者、心理学者などが参入した。その際、医者、心理学者が問題としたのは、光秀の性格、そして光秀が精神的な疾患を抱えていたのではないかということである。最初に、光秀の性格について触れておきたいと思う。

一般的に光秀は、教養豊かで物静かな性格であったかのような印象を受ける。一方で、信長の性格は破天荒で、気性が激しかったといわれている。これが事実ならば、二人の性格は相容れないところであり、性格の不一致が認められる。光秀と信長の性格不一致説は、かなり以前から唱えられていた説である。これこそが、本能寺の変の遠因になったということになろう。

ところが、フロイスの『日本史』（第五六章）には、光秀の違った一面が書かれている。それは、これまでのイメージを一新するものである。次に掲出しよう。

彼（光秀）は裏切りや密会を好み、刑を科するに残酷で、独裁的でもあったが、己れを偽装するのに抜け目がなく、戦争においては謀略を得意とし、忍耐力に富み、計略と策謀の達人であった。（中略）友人たちの間にあっては、彼（光秀）は人を欺くために七十二の方法を深く体得し、かつ学習したと吹聴していたが、（後略）

この記述を見る限り、先述した光秀のイメージとは真逆である。どちらかといえば、信長に近いかもしれない。天正七年（一五七九）の八上城攻撃において、光秀は兵粮攻めを展開し、容赦なく敵兵を討ち取った。そのこと自体は珍しいことではなく、当時の一般的な戦国武将とは変わりない。したがって光秀について華奢《きゃしゃ》な教養人をイメージする必要はないだろう。

何よりも、光秀と信長の性格が不一致だったということを示す明確な根拠はない。謀反を起こす以上、光秀は信長に何らかの不満なりを抱いていただろうから、性格が合わなかったといえば、そういう可能性もあるという程度のことに過ぎない。

光秀が精神的な疾患を抱えていた、あるいはノイローゼだったという説もある。不安説や怨恨説で触れたとおり、光秀は将来に不安を抱いたり、あるいは信長に恨みを抱いていたとこれまで言われてきた。追い詰められた光秀は、信長に叛旗を翻したということになろう。しかし、すでに触れたとおり、不安説や怨恨説は依拠した史料に問題があり、とうてい受け入れることはできない。

そうなると、光秀が精神的な疾患を抱えていた、あるいはノイローゼだったということも疑問視されよう。そもそも患者を直接診断することなく、病名を下せるのかという問題もある。あくまで不安説や怨恨説の延長線上にある説といえる。

信長の神格化

信長自身が神格化を志向したという説も、かつては話題になった。秋田裕毅氏は、ルイス・フロイスの書簡に記された信長の神格化を追究した（秋田：一九九二）。フロイスの書簡によると、信長は天正十年の自分の誕生日に安土城下の総見寺（滋賀県近江八幡市）において、同所に置いた己の神体を拝むよう、貴賤を問わず人々に強要したという。参詣すれば八十歳の長寿を得、また病気の治癒、富栄えるなどの功徳があったという（一五八二年十一月五日付フロイス書簡。『日本史』）。

つまり、信長は自ら神になろうとしたが、光秀は信長の自己神格化は天に背く行為として許さず、本能寺の変を起こしたことになろう。同時に、信長が神になるということは、天皇を圧迫するという行為として理解された。自己神格化は、朝廷黒幕説の一つの理由になったほどである。

信長の自己神格化に賛同する研究者は少なからずいる。朝尾直弘氏は、信長が一向一揆と対決する状況下において、その後の幕藩制国家の中枢である「将軍権力」を創出する過程に結び付け、信長の自己神格化を評価した（朝尾：一九九四）。

ところが、大きな問題となるのは、信長の自己神格化を記した史料はフロイスの書簡だけで、日本側の史料で記載したものはない、ということだ。それゆえ、逆に疑問視する研究者がいるのも事実である。

信長の自己神格化を否定する研究者は、信長が宗教的に自らを権威付けようとした点については認める人もいる。しかし、フロイスはキリスト教の立場から述べたにすぎず、ほかに日本側に神格化を裏付ける史料がないので、信憑性は低いと評価する。松下浩氏に至っては、「盆山」と称する石を神体とする『日本史』の記述に疑問を呈し、その信憑性を疑うべきと指摘する（松下：二〇一七）。

信長は無神論者であるといわれるが、実際はそうではなかった。彼も当時の人々と同じく信心深く、禅宗を信仰していたことが明らかになっている（神田：二〇一四）。また、信長は各地の寺社に所領を寄進、安堵するなど、普通の戦国大名と変わらない宗教政策を行っていた。信長が無神論者であるというのは、大きな誤解である。

信長が無神論者といわれたのは、比叡山の焼き討ち、大坂本願寺との長年にわたる抗争にあろう。中世の人々は神仏を恐れていたが、信長は臆することなく、果敢に戦ったということが注目された。しかし、これも誤解である。比叡山や大坂本願寺は宗教者としての本分を忘れ、信長に戦いを挑んだ。信長は、それを受けたに過ぎなかったのである。

信長は自身に従う宗派を保護し、世俗権力が宗教権力に優越するという方針を宗教政策の根本に据えたと考えられる。

信長非道阻止説

近年では「朝廷黒幕説」と似たような説として、小和田哲男氏が提唱した「信長非道阻止説」がある（小和田：一九九八）。光秀は信長が朝廷などに対して非道なことを行うので、自らそれを阻止しようと立ち上がったという説である。黒幕はいないが、光秀が自主的に謀叛を起こしたということになろう。小和田氏がこの説を主張するポイントは、次の五つの点に集約されている。

①正親町天皇への譲位強要、皇位簒奪《さんだつ》計画。
②京暦（宣明暦）への口出し。
③平《たいら》姓将軍への任官。
④現職の太政大臣・近衛前久《さきひさ》への暴言。
⑤正親町天皇から国師号をもらった快川紹喜《かいせんじょうき》を焼き殺したこと。

はたして、信長非道阻止説とは妥当性のある説なのだろうか。

①②はすでに検討したところであるが、改めて確認しておこう。正親町の譲位については、信長から強要されたのではなく、提案されたといってよいだろう。しかも、正親町は信長の

提案に大喜びし、早速、準備を進めようとしたのである。結果として譲位は実現しなかったが、信長から強要されたものでないことは明らかである。

皇位簒奪計画についても同様で、正親町への譲位の強要や信長の神格化の延長線上にある説である。正親町への譲位の強要や信長の神格化には否定的な見解が多く、ましてやたしかな史料で信長による皇位簒奪計画を確認することはできない。そもそも信長は天皇家の一族でも何でもないので、仮に正親町から皇位を奪取したところで、天皇になれるのか疑問である。

京暦（宣明暦）への口出し（尾張で使われていた暦への変更）については、かつて信長が天皇家から「時の支配者」たる権利を奪おうとしたと言われてきた。しかし、この説は京暦（宣明暦）が日食を予測できなかったためであり、信長は正親町を不吉な日食の光から守ろうとしただけと考えられた。つまり、信長は天皇家から「時の支配者」たる権利を奪おうとしたわけではなかったのである。

しかし、その後の研究によって、京暦（宣明暦）が日食を正しく予測したと指摘され、話は振り出しに戻った。先述したとおり、暦の問題は当時の戦国大名が領内の暦を統一した経緯を踏まえ、ことさら信長が天皇家から「時の支配者」たる権利を奪うことに結び付ける必要はないと指摘されている。そもそも信長は朝廷への奉仕に力を入れていたのだから、そう考えるのが妥当だろう。

①および②については、信長の非道でないことが明らかである。

そのほかの論拠

③については先述のとおり、朝廷は信長に征夷大将軍を与える意向だったかもしれないが、これも将軍の足利義昭のことを考えると、決して容易ではなかった。いったん義昭の職を解く必要があるからである。

③で小和田氏は信長が歴史的に前例がない、平姓の将軍に就任することが許せなかったという。その根拠として、光秀は美濃源氏の土岐氏の一族・明智の一族だったからだと指摘する。光秀は平姓の将軍の出現が歴史の秩序を乱すと考え、信長に謀反を起こしたというのである。

実は、光秀が美濃源氏の土岐氏の一族・明智の一族であったことは確証がない（渡邊：二〇一九）。また、平姓の信長が将軍になることについては、朝廷が三職（関白、太政大臣、征夷大将軍）のうちのいずれかを提案しているのだから、特に障害がなかったことが指摘されている（岡野：二〇〇三）。ましてや光秀が平姓の将軍の出現が歴史の秩序を乱すと考えたというのは、根拠のない憶測に過ぎない。

④については、信長が天正十年（一五八二）三月に武田氏滅亡後の論功行賞後の逸話である。信長が帰還する際、当時、太政大臣だった近衛前久《さきひさ》が馬を降りて「私も駿河からまわっていいでしょうか」と尋ねたところ、信長は馬上から前久に対して「近衛、お前なんかは木曽路を上ったらよい」と暴言を吐いたという。いかに信長が権力者とはいえ、あまりの暴言である。光秀は、それを許せなかったということになろう。

これが信長による前久への暴言で、出典は『甲陽軍鑑』である。かつて、『甲陽軍鑑』の史料性は疑問視されてきたが、最近では史料性を高く評価する向きもある。しかし、信長の暴言はほかの史料には書かれておらず、あまりに荒唐無稽である。いかに『甲陽軍鑑』の価値が高まったとはいえ、あくまで史料の吟味が必要であり、この件はとても史実として認めがたいところである。

⑤は、天正十年四月三日に織田信忠の軍勢が恵林寺《えりんじ》（山梨県塩山市）を焼き払い、高僧の快川紹喜が焼死したことである。快川紹喜は、正親町から大通智勝《だいつうちしょう》国師なる国師号を授けられていた。しかも、快川紹喜は美濃土岐氏の出身といわれ、光秀と同族だったと指摘し、光秀は内心穏やかではなかったのではないかという。

とはいえ、その点にも明確な根拠が提示されておらず、光秀が土岐氏の庶流・明智氏だったことは、先述のとおり確証を得ない。

以上のとおり、小和田氏が提唱する「信長非道阻止説」は、すでに誤りと指摘されていることが根拠となっているか、根拠史料の性質が悪いか、または根拠のない憶測が多いので、とうてい成り立ち難いといえるだろう。

イエズス会黒幕説

次に取り上げるのは、立花京子氏によるイエズス会黒幕説（南欧黒幕説とも）である（立花：二〇〇四）。その結論とは、南欧勢力（ポルトガル）がイエズス会を通して、信長の殺害を計画したというものである。さらにイエズス会は朝廷を通して、光秀に信長を討つよう命令を下し、羽柴（豊臣）秀吉に対して光秀を討伐するよう命じていたという。かなり、ショッキングかつ極めて大胆な内容である。

要点を順に述べておこう。立花氏の指摘は、次のとおりである。

信長は南欧勢力につながる清原枝賢《しげかた》たちによって、「天下布武」の思想を吹き込まれた。信長の位置付けは、イエズス会のために立ち上がった武将であると定義されており、その支援によって日本全国の統一に立ち上がったという。その後、イエズス会が信長に与えた目標としては、中国（明）の武力制圧が設定されていた。そして、信長政権は、南欧勢力の世界征服における傀儡に過ぎなかったとも指摘する。

やがて、信長はイエズス会の意向に沿うことなく、無断で路線を変更した。現在では否定されている、信長の自己神格化も路線変更の理由の一つとされる。

そこで、イエズス会は信長を見限り、光秀に信長を討伐させた。しかし、主君を殺した光秀を信長の後継者に据えるのは憚られるので、秀吉をもって光秀を討たせたというのである。イエズス会にとっての本能寺の変は、信長から秀吉に支配者を交代させる意味しかなかったという。

以下、具体的に論点を確認しておこう。

大友宗麟の存在

第一に、豊後の大友宗麟がバテレン（キリスト教徒）とその援助者の中心的存在とされ、日本で重要な役割を担っていたという。大友氏の本拠の豊後府内（大分市）は、当時の先端の武器である鉄砲製造の一大拠点だった。信長は大友氏を通して、イエズス会から間接的に武器の援助を受けていたと立花氏は指摘する。

フロイスの書簡によると、信長が保持した大砲のうち、一つが宗麟から贈られたものであると書かれている。しかし、これ以外には、宗麟が信長に武器を供給したとの史料は残っていない。ましてや、宗麟が贈った大砲がイエズス会から間接的にもたらされたとの確固たる証拠もないのである。

立花氏は、信長のために、イエズス会が鉄砲の技術や鉄甲船を造る技術を教授したというが（立花：二〇〇四）、こちらも裏付ける史料がない。当時、すでに日本における鉄砲の技術は高いものがあり、根来（和歌山県岩出市）、堺（大阪府堺市）、国友（滋賀県長浜市）などで製造されていた。逆に、豊後府内で鉄砲が製造されていたとか、鉄砲技術の最先端の技術があったとの確証はない。

信長が建造した鉄甲船も同様で、イエズス会が供給したとの史料はない。『多聞院日記』が信長の鉄甲船に触れているが、決して当人が見てきたわけではなく、日記特有の伝聞に過ぎないという点に注意すべきである。現在、鉄甲船についても議論が進んでいるが、形状を含めて納得できる結論は出ていない。

そもそも大友氏には、信長を援助するゆとりなどがなかった。永禄・天正年間の大友氏は、中国地方の毛利氏、肥前の龍造寺氏や島津氏と激戦を繰り広げていた。宗麟はそうした大名と戦うため、イエズス会を通して南蛮貿易を推し進め、豊後国内の経済発展、軍備の充実を図ろうとしたのである。

イエズス会の協力者

第二に、立花氏は大友氏だけでなく、イエズス会の協力者がほかにもいたという。その協力者とは、次のとおりである。

①堺の商人――日比屋了珪《ひびやりょうけい》など一族、津田宗及《そうきゅう》など天王寺屋一族。
②朝廷の廷臣――清原枝賢、吉田兼右《かねみぎ》、立入宗継《たてりむねつぐ》。
③幕府の幕臣――細川藤孝、磯谷久次《いそがいひさつぐ》。

つまり、キリシタンやその理解者がイエズス会に協力していたというが、実際はどうなのだろうか。立花氏によると、このうち天王寺屋一族は大友氏と信長の仲介役であったとし、細川藤孝は「天下布武」の考案者だったと指摘する。具体的な役割まで、はっきりと示している。

右に挙げた人々のうち、キリシタンであることが確実なのは、日比屋了珪など一族と清原枝賢だけである。ほかの面々については、キリシタンであることはもちろんのこと、その理解者であるか否かも判然としない。彼らがイエズス会に協力したという史料は、残念ながら確認することができない。

ほかにも、天王寺屋一族が大友氏と信長の仲介役だったこと、細川藤孝が「天下布武」の考案者だったことも、史料的な根拠が皆無である。

右の指摘については、史料的な根拠がなく、まったくの想像による産物に過ぎない。したがって、安易に信じるわけにはいかないのである。

イエズス会からの資金援助

第三に、立花氏は南欧勢力がイエズス会を通して、信長に資金援助をしていたという。信長はその資金援助によって、諸大名と戦争をしたのである。とはいいながらも、こちらもイエズス会が信長に資金を提供したという史料がない。それどころか、イエズス会には、信長に資金を援助するほど余裕がなかったという。この点については、高橋裕史氏らの指摘を参照することにしよう（高橋：二〇一二）。

イエズス会が信長に接近したのは、教団の支援や保護をしてもらうことが目的だった。信長はその期待に応え領内にセミナリオ（神学校）の建設、そして自由な布教を許可した。信長はイエズス会に資金援助をしていたが、別に信者になるまで肩入れしたわけではない。ましてや、信長がイエズス会の配下にあったとも言えないのである。

肝心のイエズス会は、教団の運営でさまざまな問題を抱えていた。日本布教長の独断的な統治をはじめ、日本に滞在する宣教師の数の不足などである。こうした問題の解決に奔走する一方、難問は続々とあらわれた。そのような状況下において、少なくともイエズス会には信長暗殺計画を立案するゆとりはなかったという。それどころか、信長の支援によってセミナリオ（神学校）の建設などが実行できたのだから、イエズス会が信長を暗殺するメリットは何もないといえる。

信長の横死後、巡察使のヴァリニャーノは、財務報告書のなかで教団の諸施設が破却されたこと、多大な経済的な損失を受けたことを記している。イエズス会は信長が死んだことによって、非常に困っているのである。

もう一つ言うならば、谷口克広氏が指摘するように、イエズス会には財政的な余裕がなかった（谷口：二〇〇七）。イエズス会の収入源は、ポルトガル国王給付の年金、ローマ教皇給付の年金、不動産収入、貿易収入などで、一万八千から二万クルザードに過ぎなかったという（一五六〇年代後半）。それが十年ほど経つと、インドへの送金などもあって、六千クルザードまで激減したという。

おおむね一クルザード＝一石で換算されていたので、活動費は約六千石ほどの活動費に過ぎなかった。これにはヴァリニャーノも大きな危機感を抱いており、布教活動すら満足にできなくなる可能性すらあった。そのような厳しい財政事情だったので、イエズス会にはとうてい信長に対して、資金提供ができるわけがないのである。

イエズス会の軍事力

第四に、立花氏はイエズス会による対日武力制圧も主張するが、それが実現可能だったかという問題がある。

高橋氏の指摘によると、ポルトガルの東洋における軍隊は常備軍ではなく、軍団が編成されては解散することを繰り返していたという。しかもその構成は、屈強な物乞い、無宿人、前科者などだった。その規模は非常に小さく、ポルトガル本国から武器などを送ろうとしても、なかなか手に入らず、提供できないような状況にあった。必要な軍隊を組織するのも困難なうえに、インド洋域では熱帯病などで死亡する者が続出し、兵卒の補充すら困難だったようすがうかがえる（高橋：二〇一二）。

そのような状況下において、イエズス会が日本を征服するため、大軍勢を送り込むことはほぼ不可能だったといえる。

また、イエズス会が支援しようとしたのは、信長ではなかった。当時、九州でキリスト教を保護していたのは、キリシタン大名たちだった。なかでも、大友宗麟、有馬晴信、大村純《すみ》忠《ただ》は貴重な存在だった。しかし、肥前の龍造寺隆信は、積極的に有馬晴信、大村純忠の領内に侵攻した。

キリシタンではない龍造寺氏が両大名の領国を支配すると、当然、イエズス会は自由な布教活動などができなくなるので危機に瀕する。これは九州だけの問題ではなく、各地で同様の事態が発生することが予想され、ヴァリニャーノは頭を悩ませていた。

そのような事情があって、イエズス会は有馬晴信、大村純忠に武器を供給するなどし、龍造寺氏との戦争に支援を行った。すべては教団や信者を守るためであり、布教活動を継続するためだった。しかし、すでに記したように、イエズス会の財政事情は厳しく、決して充実したものとは言えなかった。このような状況では、とても日本征服を行うことは不可能だったに違いない。

根拠がないイエズス会黒幕説

イエズス会黒幕説を取り上げてきたが、もっとも重要なことは、この説にほぼまったく史料的な根拠がないことである。

イエズス会を巡る人的な関係についても、ほぼ立証されていない。津田宗及が本能寺の変で暗躍したというが、その根拠は宗及が光秀や秀吉と連歌会で一緒になったという程度の話である。これでは、とうてい根拠にはなりえないだろう。

イエズス会が信長に資金提供した件なども同様である。そもそもポルトガルの国力が低下しており、経済的、軍事的な支援を行えるだけの余力がなかった。イエズス会自体も内部で多くの問題を抱えており、経済力、軍事力もなかった。とてもではないが、信長を殺害する計画を行うゆとりもなく、それだけの人脈や政治力もなかった。

何より問題なのは、イエズス会が信長に財政的支援をしたことは、『信長公記』やフロイスの『日本史』をはじめ、一切の史料には書かれていないと立花氏自身が認めていることである。その理由については、財政支援が「秘中の秘」であるから史料が残っていないと指摘するが、そのようなご都合主義では誰も納得しないだろう。

したがって、イエズス会黒幕説はとうてい成り立つはずもなく、現在では否定的な見解が多数を占めている。

本願寺黒幕説

次に取り上げるのは、小泉義博氏が提唱した本願寺黒幕説である（小泉：二〇〇四）。

この説の要点は、本願寺滅亡の危機に瀕して、正親町天皇は教如の意向を汲み取り、光秀に信長の討伐を命じたというものである。つまり、教如は光秀の謀反の計画を知っていたのである。そこで、教如は備中高松城を攻撃中の羽柴（豊臣）秀吉に対して、光秀が謀反を起こすとの機密情報をあらかじめ流したという。光秀の謀反の計画を知った秀吉は備中高松城の攻略を急ぎ、本能寺の変の一報を聞くや否や、すぐさま上洛の途についたのである。

以下、教如の状況なども含め、詳しく検討してみよう。

教如は顕如《けんにょ》の子であり、父とともに大坂本願寺に籠って織田信長と戦った。天正八年（一五八〇）三月、顕如は正親町天皇の和睦の仲介を受け入れ、紀伊国鷺森（和歌山市）へ退去した。しかし、教如は父から義絶されてまでも籠城を主張したが、同年八月に大坂本願寺を明け渡した。

その後、教如は紀伊雑賀、美濃、飛騨、越前、越中、飛騨など各地を転々とし、天正十年四月に安芸を経て播磨英賀《あが》（兵庫県姫路市）で潜伏生活を送った。その一方で、反信長の姿勢を一貫として明確にし、同年三月に信長軍が甲斐武田氏の討伐をした際には、一揆を催して後方を攪乱《かくらん》するなどした。

このように、顕如は反信長の姿勢を示していた。やがて、教如は正親町天皇を動かして光秀による信長の討伐計画を実現し、さらに秀吉に謀反の計画を知らせ、光秀を討たせたのである。以下、個々の論点に触れておこう。

丹羽長秀による教如への攻撃

播磨英賀に滞在中の教如のもとに、織田方の丹羽長秀が率いる軍勢が雑賀にいる顕如を攻撃したとの報告が舞い込んだ。その根拠史料となるのは、『大谷本願寺由緒通鑑』である。この史料の成立は正徳五年（一七一五）で、著者は温科子なる人物である。谷口克広氏によると、この史料では中川清秀や高山重友（右近）が四国征伐軍に編入されているなど、誤りがあると指摘している（谷口：二〇〇七）。

実は、長秀による顕如への攻撃は、『大谷本願寺由緒通鑑』以外に裏付けとなる史料がなく、確証を得ることができない。

ほかに小泉氏は『信長公記』天正十年二月九日条に載せる、信長の朱印状を根拠とする。そこには「泉州一国、紀州へおしむけ候事」とあり、この部分を「顕如、高野山、根来寺攻撃の命令」と解釈する。しかし、この点には谷口氏の反論がある。これは当時、反信長の急先鋒だった高野山や雑賀の土橋平尉への牽制策であり、そもそも顕如が長秀の攻撃を受けたならば、せめて『宇野主水日記』（顕如の右筆・宇野主水の日記）くらいには記録されているはずと指摘する。

このように考えるならば、丹羽長秀が雑賀の顕如を攻撃したという説は、現存する史料では裏付けられないのである。

次に問題となるのは、第二章の足利義昭黒幕説で取り上げた、美濃加茂市民ミュージアム所蔵文書の解釈である。小泉氏は史料中の「上意」を足利義昭の意向ではなく、顕如の意向と指摘した。そのうえで顕如が土橋氏に命令して、光秀に連絡を取らせたと考えるのである。しかし、この「上意」は明らかに義昭の意向であり、顕如の意向ではありえないので、この解釈も誤りである。

正親町天皇が光秀に信長の討伐を命じたという説も、第三章の朝廷黒幕説で取り上げたとおり、成り立たないのは明らかである。したがって、右に示した一連の小泉氏の指摘というのは、成立しないといえる。

史料の誤読

ほかにも、小泉氏の論点がある。文禄二年（一五九三）閏《うるう》九月、豊臣秀吉は本願寺宗主となった教如に対して、十一ヵ条にわたる書状を送った（『駒井日記』）。前年十一月に顕如が亡くなって、いったん教如が本願寺宗主の座に就いたが、秀吉は十年後に宗主の座を教如の弟・准如《じゅんにょ》に譲るよう命じた。相続に際して、施薬院全宗《やくいんぜんそう》らが問題点を十一ヵ条にまとめたのが秀吉の書状である。

その二条目には、「信長様御一類ニハ大敵ニて候」と記されている。この一文を根拠として、小泉氏は教如が信長を討伐した首謀者だったと指摘する。この点については、藤田達生氏も「信長の横死に教如が無関係でなかった」と述べており、関与を匂わせている点が共通する（藤田：二〇〇三）。

秀吉の書状の一条目には、かつて本願寺が大坂に陣取っていたことを記す。そして、三条目には、信長から秀吉に代わって以降、本願寺は雑賀、貝塚（大阪府貝塚市）、天満（大阪市北区）、洛中七条と転々としたが、それは秀吉による恩恵と考えるべきであると書いている。肝心の三条目は、「信長様の一類にとって、本願寺は大敵だった」と書いているだけで、素直に読めば、単に過去の事実を羅列したに過ぎない。つまり、教如が本能寺の変の首謀者だったと解釈するのは、深読みしすぎなのである。

同時に、藤田氏はこの書状をもって、文禄二年に秀吉が、教如が本能寺の変に加担していた事実を知り、叱責の条書を送って宗主の座から引きずり降ろそうとしたと指摘する。しかし、教如が弟の准如に地位を譲るのは十年後の話なので、随分と悠長な話である。この史料をもって、教如が本能寺の変の首謀者だったとは言えない。

「善徳寺文書」などの解釈

もう一つの根拠史料として、天正十年（一五八二）に比定される七月十三日付の下間了《しもつまりょう》明《めい》の書状がある（「善徳寺文書」）。越中善徳寺（富山県南砺市）の空勝《くうしょう》は、早くから教如を支持しており、信長の横死を飛騨で知った。空勝はすぐに名代を教如のもとに派遣し、書状と懇志を届けさせた。右に示した了明の書状は、その返書なのである。

この書状には、「天下不慮」すなわち「信長の横死」について、「御本意たるべく存じ候」つまり「教如の本意である」と書かれている。こうした文言によって、教如が信長打倒の首謀者だったとするが、これは文字どおり信長の死を喜んだに過ぎず、小泉氏の指摘を裏付けるまでには至らない。史料の深読みが過ぎるように思う。

ほかにも、小泉氏は本能寺の変の凶報が備中高松城の秀吉のもとに届いたのは、天正十年六月七日であると指摘するが、この説明にも無理がある。通説に従えば、秀吉は六月七日の時点で姫路に到着している（渡邊：二〇一八）。この事実は一次史料によるものであり、動かしがたいと考えてよいだろう。

小泉氏がこのような解釈をしたのには理由がある。それは秀吉に凶報をもたらしたのが教如であり、六月九日に秀吉が姫路に戻り、英賀本徳寺に潜伏する教如と面会したというストーリーを成り立たせるためである。つまり、自説に合わせて、辻褄を合わせたということになるが、小泉氏が示した事実は一次史料では裏付けられない。以上の検証から、本願寺黒幕説は成立しないと考えて差し支えない。

制度防衛説

次に取り上げるのは、小林正信氏の「明智光秀制度防衛説」である（小林：二〇〇五など）。ごく簡単に言えば、光秀が信長を討った理由は、室町幕府を守ろうとしたためということになろう。光秀の背後には、かつて幕臣だった細川藤孝がいたとも指摘する。小林氏の説は、九州大学で学位を取得したものである。その後、自身の論文集の内容に改定を加え、一般書も刊行しているが、主張はほぼ一貫して変わらない。

主張の一点目は、織田政権および室町幕府の位置付けである。

天正元年（一五七三）に義昭が追放されて以降の織田政権の本質は、室町幕府の代行政権に過ぎないと指摘する。室町幕府の滅亡後も、明智光秀を中心にして、奉行人や奉公衆を要する室町幕府が存在していたという。

現在、室町幕府滅亡後に成立した織田信長の権力体については、政権とみなさない説が優位である。それは別としても、右の説には史料的な裏付けが乏しく、明智光秀を中心にした室町幕府が存在との説には同意し難い。

主張の二点目は、信長の方針に関わる問題である。信長は自身が太政大臣に就任し、徳川家康を征夷大将軍に就任させようとしたと指摘する。家康が征夷大将軍に就任することは、室町幕府の滅亡を意味した。

そのような信長の動きを察知した光秀および奉行人、奉公衆は、信長・信忠父子、家康を襲撃し、その計画を阻止しようとしたというのである。あくまで足利氏を将軍にいただく、室町幕府の存続を願ってということになろう。ただ、右に示した説の根拠はあまりに乏しく、論理の飛躍が大きすぎる。

本能寺の変と室町幕府の終期

主張の三点目は、本能寺の変の経過に関わることである。天正十年（一五八二）六月二日、光秀は信長・信忠父子の襲撃に成功した。本能寺の変である。周知のとおり、家康は「神君伊賀越」により三河に戻って事なきを得たが、それは細川藤孝の裏切りによるものであると指摘する。

そして、藤孝は備中高松城（岡山市北区）に在陣中の羽柴（豊臣）秀吉に本能寺の変の情報を流し、急いで上洛するように促した（中国大返し）。こちらについても、右の説を裏付ける根拠があまりに乏しく、とても従うことができない。

四点目は、室町幕府の終期である。天正十年六月十三日、光秀は秀吉の軍勢に敗れ、逃亡中に土民に討たれた。同時に、室町幕府の奉行人、奉公衆も討たれたので、これにより室町幕府は終焉したという。つまり、光秀は一貫して、最後まで室町幕府を維持していたということになろうか。理解しがたい説である。

小林氏はここで示した論点以外にも、興味深い指摘を多々行っているが、まったく史料的な根拠はなく、自説が有利になるように論理の飛躍によって導き出したものに過ぎない。たとえば、桶狭間の戦いが信長による京都防衛であるというもの、将軍義輝襲撃事件、本圀寺《ほんこくじ》襲撃事件、本能寺の変といったそれぞれの事件を光秀を介して関連付けるというもの、正親町天皇が朝廷に権威に加えて権力を持たせたというもの、いずれも何ら納得のいく根拠に基いて論証されたものではない。

ここまで触れてきたように、一般的に義昭が信長に追放された天正元年をもって、室町幕府は滅亡されたと指摘されている。その後、「鞆幕府」が存在したとされるが、仮にそれを認めたとしても、権力体としての低下は否めない。光秀を中心とした幕府すら史料上の確認が困難ななかで、こうした説は受け入れ難いのではないだろうか。

言うまでもないが、歴史学の根本は良質な史料による裏付けが必要である。それが困難な場合は、当時の政治情勢を勘案しながら、状況証拠となる史料で補強するなど、より説得性のある議論を展開しなくてはならない。つまり、頭でいろいろと考えるというよりも、実際の証拠（良質な史料）を示さなくてはならないのである。

小林氏は室町幕府や織田信長の先行研究をよく踏まえているが、自説については大胆なだけで、十分な史料的根拠を示していない。それは推論に推論を重ね、論理の飛躍に飛躍を重ねただけで、誰もが納得するような根拠を示していないということになろう。したがって、「明智光秀制度防衛説」は独創性こそ認められるものの、一つの学説としては根拠薄弱で、とても受け入れられないというのが現状である。

明智憲三郎氏の説

最後に取り上げるのは、明智憲三郎氏の説である。明智氏の説は大きな反響を呼び、その後もたびたび自著改訂版や新刊が刊行された。ただ、おおむね主旨は一貫しており、その主張は次のようになろう。

光秀は土岐氏を再興して新政権を樹立することを目的とし、同盟を諸将と結ぼうと画策した。その一人が徳川家康だった。家康は織田信長と同盟を結んでいたが、天正七年(一五七九)九月に信長から命じられ、嫡男の信康を自害に追い込んだ。これにより、家康は深く信長のことを恨んでいたという。

一方の信長にとっても、天正十年(一五八二)三月に武田氏が滅亡することにより、家康の利用価値がなくなったとし、さらにその存在が脅威にすらなりかねなかったと指摘する。家康が歯向かうと考えたのだろう。

信長は用済みになった家康を討つため、その領国に攻めこもうと画策していた。そのため、信長は天正十年五月に家康を安土城に招こうとしたが、家康自身も信長に討たれることを事前に知っていたという。信長から家康の接待役を命じられた光秀は、家康と安土で面会し、家康が信長に殺されるであろうこと、信長が家康の領国に攻め込む計画を伝えた。こうして光秀は家康を味方にした。

天正十年六月、信長は本能寺に家康を招いて、光秀に討たせようと計画を実行に移した。光秀が家康を殺害したあとは、光秀と細川忠興、筒井順慶の軍勢が家康の領国に侵攻し、徳川家を完全に根絶やしにする作戦だった。しかし、光秀は家康を討つ予定であったが、信長を殺害してしまった。

信長を殺害したのには、もちろん理由がある。一つは、信長の長期政権構想である。その構想では、信長は三人の息子に諸国の支配を任せ、京都・安土の周辺を織田家直轄領で固めようとしたという。その結果、光秀の丹波、近江は取り上げられ、遠国に移されることが確実になったという。

もう一つは、信長による「唐入り《からいり》」（中国・明への侵攻）の計画である。信長が「唐入り」を構想していたことは、フロイスの『日本史』に書かれている。老齢の光秀にとって、異国の地で戦うことは大きな負担だった。やがて子の代に至っては、異国の地で滅亡することが懸念されたという。

ほかにも論点は多々あるが、以下、いくつかの問題に焦点を絞って、明智氏の説を検討してみよう。

光秀は土岐氏の流れを汲むのか

明智氏の主張の一つには、土岐氏の再興がある。長らく、光秀は土岐明智氏の流れを汲むといわれてきたが、それは正しいのだろうか。

光秀の出自については、拙著で取り上げた（渡邊：二〇一九）。結論を言えば、光秀の先祖が土岐明智氏の流れを汲むことは立証できない。光秀に関する系図や編纂物は各種存在し、その出自についても各説ある。しかし、いずれも有力な手掛かりになるとは思えず、今後の検討を要する。以下、光秀が土岐明智氏の流れを汲むことが立証できないポイントをいくつか挙げておく。

①光秀を記載する系図は、いずれも父の名前が異なっていること。
②光秀の父が一次史料に登場することがないこと。
③光秀の前半生は不詳であり、実際に美濃に本拠を置いたことが証明できないこと。
④各種の編纂物等においても、光秀の前半生や出自が異なって描かれていることが多く、いずれを信用してよいか判断がつかないこと。

右の点から、光秀が本当に土岐明智氏の系譜を引くのか疑問を呈した。実は、この時代において、出自がよくわからない人物は非常に多く、出自を偽っている例すらそんなに珍しくない。福岡藩の黒田氏は近江の佐々木黒田氏の流れを汲むと自称しているが、実際には誤りである可能性が高いという。

したがって、光秀が土岐明智氏の系譜を引くことについては、未だに確証を得ず、慎重にならざるを得ないのである。どうしても土岐氏の再興を主張するのであれば、光秀が土岐明智氏の系譜を引くことを良質な史料で証明する必要がある。

『愛宕百韻』の解釈

光秀の出自が土岐明智氏でないとするならば、明智氏が提示した天正十年（一五八二）五月の『愛宕百韻《あたごひゃくいん》』の解釈にも疑問が生じよう。『愛宕百韻』の冒頭の三句は、以下のとおりである。

発句　ときは今　あめが下なる　五月かな　光秀
脇句　水上まさる　庭の夏山　行祐《ぎょうゆう》
第三　花落つる　池の流を　せきとめて　紹巴《しょうは》

右の三句は、おおむね次のように解されている（島津：一九七九）。

発句　時は今、雨の下にいる五月だ。
脇句　折しも五月雨が降りしきり、川上から流れてくる水音が高く聞こえる夏の築山。
第三　花が散っている池の流れを堰き止めて。

普通の解釈では、前の句を受けて連想しながら、風景の移ろいを詠んでいることがわかる。しかし、明智氏は土岐氏の歴史の理解を前提として、次のように読めるという。

発句　土岐氏は今、五月雨にたたかれているような苦境にある五月である（六月になれば、この苦境から脱したいという祈願）。

脇句　土岐氏の先祖（水上）よりも勢いの盛んな（夏山のような）光秀様（そうであるから祈願は叶うという激励）。

第三　美濃守護職を失った（花落つる）池田氏の系統（池の流れ）をせきとめて（明智氏が代わって土岐氏棟梁を引き継げばよいという激励）。

こう解釈したうえで、『愛宕百韻』が毛利氏討伐の出陣連歌であると同時に、土岐氏の栄枯盛衰を重ねたもので、光秀による土岐氏再興への激励でもあったという。

光秀の出自が土岐明智氏であるか否かを差し置いたとしても、この解釈には疑問が残る。そもそも連歌の詠み方で、それぞれの句に暗号のようなメッセージを託すようなことがあったのだろうか。いずれの解釈とも、それぞれの語句に強引に自説の解釈を当てはめただけで、とても納得できるようなものではない。

連歌とは、一座した作者たちが共同で制作する座の文芸である。それは、句と句の付け方や場面の展開のおもしろさ（付合《つけあい》）を味わうことにあり、暗号のようなものを託して詠むものではないだろう。深読みしすぎである。そうなると、平凡ではあるかもしれないが、連歌研究の専門家である島津氏の解釈に従うべきである。

信康事件を家康は恨んでいたのか

信長にとって家康は、信頼するパートナーであった。しかし、天正七年（一五七九）九月に信長が家康に嫡男の信康を殺させたことは、遺恨を残したという。この事件について、少し考えてみよう。

天正七年八月三日、家康は信康のいる岡崎城を訪ねると、その翌日に信康は岡崎城（愛知県岡崎市）を退去し、大浜城（愛知県碧南市）に入った。同年八月二十九日、家康によって、信康の母（家康の妻・築山殿《つきやまどの》）は自害に追い込まれた。家康と妻の築山殿は、不和の関係にあったといわれている。

その後、信康は堀江城（静岡県浜松市）、二股城（同上）に移され、同年九月十五日に切腹に追い込まれた。その間、家康は家臣らに対して、以後は信康と関わりを持たないという趣旨の起請文を書かせたという。信康の首は信長のもとにいったん送られ、返却されてから若宮八幡宮（愛知県岡崎市）に葬られた。

次に、信康事件の通説を確認しておこう。

元亀元年（一五七〇）、家康の領国が遠江《とおとうみ》国にまで拡大したことにより、信康に家臣を付けたうえで岡崎城の城主とし、三河国の支配を任せた。つまり、家康は複数国の支配を単独で行うのではなく、子にその一部を担当させたことになる。先述のとおり、築山殿は夫の家康と不和だったので、信康の居城・岡崎城に留まり、家康の居城・浜松城には移らなかった。

信康の妻は、信長の娘の五徳だった。しかし、五徳は築山殿との折り合いが悪く、加えて出産するのは後継ぎとなる男子ではなく、女子ばかりであった。こうしたことが災いし、天正五年頃から信康と五徳の関係も冷え切っていたという。また、天正三年から信康は甲斐武田氏との合戦に出陣したが、目立った軍功がなかった。信康は武芸に励んだが、一方で些細な理由で人を殺すなど、人格に問題があったといわれている（『松平記』）。

信康に対する評価は悪いものが多く、その情報がやがて五徳を通じて信長の耳に入った。五徳の十二ヵ条にわたる書状には、五徳と信康が不仲であること、築山殿が武田氏と内通していることなどが書かれていた。信長は家康に対して、信康と築山殿の処分を要求した。家康は信長の意向に逆らえず、泣く泣く指示に従ったという。

以上が通説的な見解だろう。

自主的に殺害した家康

右の通説的な見解に疑義を提示したのが、柴裕之氏である（柴：二〇一七）。柴氏は信康事件を徳川家中および政治路線を巡る闘争という観点から、事件を読み解いた。そもそも家康は信康を廃嫡《はいちゃく》に留めるのではなく、あえて殺害に及んだ。問題のポイントは、ここにあると指摘する。

天正三年（一五七五）以降の家康は、織田方の尖兵《せんぺい》として対武田氏の攻略に苦心惨憺《さんたん》していた。戦争は長期化し、その経済的負担も大きかった。家臣や領民も同じであろう。一方の武田氏は、御館の乱（上杉謙信没後の家督争い）の影響もあって、北条氏とも敵対する。危機を感じた武田氏は、信長との和睦を模索し、併せて対徳川氏の政策つまり敵対する関係を見直そうとした。信康や築山殿に武田氏が接近したというのは、こうした政策転換にあったのでないかと柴氏は指摘する。

一方で、武田氏と敵対した北条氏は、家康に急接近していた（「静嘉堂文庫集古文書」）。これが、家康と信康の対立を生み出した。家康は、武田氏との戦争続行を主張した。一方で、信康はこれまでの武田氏政策を見直し、接近を図ろうと考えていた。徳川の家中は武田氏に対する政治路線を巡って、二つに割れてしまったのである。

結果、先述した五徳が信長に送った書状の一件が発端となり、天正七年（一五七九）七月に家康は家臣の酒井忠次《ただつぐ》らを信長のもとに遣わした。家康の意向は、これまでどおり信長に従い、武田氏との戦いを継続することだった。そこで家康自身が信康に真意を問い質し、その結果、自害を命じたということになろう。その処分は、加担した築山殿に対しても同じだった。つまり、信康の処分は、家康の判断に拠るものだった。

信康事件は決して家康が信長から強要されて、泣く泣く信康に自害を命じたものではない。家康は信長に従って武田氏討伐の決定を堅持し、その方針に反する信康の存在が家中分裂、つまり徳川家の崩壊につながると予想し、あえて信康を切った。こうした例は徳川家だけではなく、当時の戦国大名に見られた事例でもある。したがって、家康が信康事件を通して、信長を恨んでいたという説は当たらない。

家康は利用価値がなかったのか

次に、明智氏は天正十年（一五八二）三月の武田氏滅亡後、信長は家康の利用価値を認めず、さらに脅威にすらなったとし、家康を討とうとしたと考えたという。もちろん、信長が右のことを発言したという記録は残っていない。しかし、後世に成立した史料には、その一端が明記されている。

明智軍に従った本城惣右衛門《ほんじょうそうえもん》が晩年に書き残した『本城惣右衛門覚書』（『ビブリア』五七号。天理大学附属天理図書館所蔵）には、この間の経緯が詳しく述べられている。『本城惣右衛門覚書』は、もと光秀に仕えた本城惣右衛門の覚書で、寛永十七年（一六四〇）に成立した。本能寺の変前後の状況をリアルに再現しており、注目を浴びている史料である。本能寺の変の部分については、『真説　本能寺の変』（集英社）にも翻刻されている。

『本城惣右衛門覚書』は、変後約六十年余を経て書かれている。記憶違いや何らかの意図がなかったのかなど、検証すべき点は多い。なお、惣右衛門が本能寺を急襲したとき、門が開いて広間は静かだったこと、捕らえた女性から信長が白い着物を着ていたことを聞いたことも書かれている。

『本城惣右衛門覚書』が注目される理由は、一兵卒の当時の気持ちが率直に綴られていることだろう。行軍中の惣右衛門は、老の坂から山崎方面に行くと思っていたが、行き先が京都であると知らされ、当時上洛していた徳川家康を襲撃すると思ったという。惣右衛門は信長を討つとは、まったく思っていなかった。

それどころか惣右衛門は、本能寺のことも知らないうえに、単に斎藤利三の息子のあとをついて行っただけであると証言している。この史料が家康討ちの根拠の一つになっている。しかし、本能寺の変に従軍した当人の書いたものとはいえ、『本城惣右衛門覚書』の記述を全面的に信用するわけにはいかないだろう。

そこに記述されているのは惣右衛門自身が思っていたことで、明智軍のほかの兵卒がすべてそう思っていたのかは断言できない。一般的に、覚書は子孫のために自身の経歴や軍功を書き残したもので、当人の晩年に至って執筆することが多い。一種の回想録である。したがって、記憶の誤りや単純な間違い、あるいは自らの軍功を顕示するための誇張などが含まれていることに注意すべきである。

最初、惣右衛門は備中高松城(岡山市北区)の秀吉のもとに出陣すると聞かされていたので、急に進路変更になったことを疑問に思ったのだろう。その際、まさか主君の信長を討つとは考えがおよばず、家康を討つのではないかと惣右衛門は思ったのだろうか。残念ながら、なぜ家康なのかは、根拠が不詳である。ただ少なくとも、信長が家康を敵視する理由が見つからない。

信長と家康の関係

では、信長と家康の関係は、実際はどのようなものだったのだろうか。以下、平野明夫氏の研究に基づき、検討することにしよう(平野:二〇一四)。

当初、信長と家康の関係は対等であったと指摘されている。信長が家康に軍事援助を求める際は、将軍・足利義昭を介する必要があり、家康は義昭と直接コンタクトできる関係にあった。したがって、家康は義昭の命を優先し、信長の意向はそれよりも優先度が落ちたという。つまり、もともと信長と家康が結んだ同盟とは、単なる領土画定の同盟に留まっており軍事同盟までは含まれていなかったという。

しかし、天正元年（一五七三）に足利義昭が信長によって京都を追放されると、事態は急変した。これまで信長と家康は対等な関係であったが、家康は信長の臣下へと立場が変わっていったのである。以降、家康は信長に従属を余儀なくされた。信長は天正三年（一五七三）の長篠の戦いで、家康に国衆の一人として先陣を命じた（『信長公記』）。家康が国衆の一人と認識されていたのだから、信長の配下にあったのは明確である。

天正九年（一五八一）一月、信長は配下の水野直盛と水野忠重らを番手（城で警護に当たる兵士または城番）として、かつて家康が築いた遠江の横須賀城（静岡県掛川市）に遣わした（『信長公記』）。信長は遠江を自らの領国と認識していたので、わざわざ番手を横須賀城へと派遣した。遠江は家康が領有していたが、家康は信長の配下にあったので、番手を遣わしたと解釈することができる。

翌天正十年（一五八二）三月に信長が武田氏討伐を開始した際、家康に駿河口の大将を任せた（『信長公記』）。これも家康が信長の配下にあったからであり、従わざるを得なかった。

結果、家康は信長から駿河国を与えられたが、それは両者の主従関係を示すものだった。二人の協力関係は堅固なものがあった。

武田氏の滅亡後、家康が用済みになったかと言えば、決してそうとは言えないだろう。越後の上杉氏や関東に覇権を築いた北条氏は、強力な相手だった。その後、さらに日本各地の平定を進めるならば、東北の諸大名なども視野に入るだろう。そうなると、家康の利用価値は十分にあったと考えられる。つまり、家康は信長が領土拡大戦争を行ううえで貴重な戦力であったといえ、信長が家康を討つ理由などない。かえって今後のことを考えると、デメリットのほうが大きいのである。

信長の「唐入り」

信長の「唐入り」については、肯定的な説と否定的な説がある。近年における信長の「唐入り」に関しては、荒木和憲氏の指摘がある（荒木：二〇一六）。以下、荒木氏の研究に基づいて検討してみよう。

フロイスの『日本年報追信』（一五八二年十一月五日付）によると、「（信長が）毛利氏を征服し終えて日本の全六十六ヵ国の絶対領主となったならば、シナ（中国・明）に渡って武力でこれを奪うため一大艦隊を準備させる」と述べた。荒木氏はフロイスがイエズス会の総長宛に書簡を送り、「(信長が)まず全日本を征服してこれをキリシタンとし、それからシナを征服しよう」と発言したことを重視する。

つまり、フロイスは信長の全国統一を全日本人のキリスト教徒化に結び付けており、その先に明の征服を位置付けている。そのうえで荒木氏は、信長の真意を記録したとは考え難いと指摘する。さらに、ザビエル以来、三十年にわたる懸案事項だった、明への布教に活路を見出したい宣教師たちのバイアスが混入しているとする。要するに、信長の力で全国統一を成し遂げて日本人をキリシタンにし、さらに同じく信長の力を借りて明へ侵攻し、布教活動を行うということになろう。

以上の点は、秀吉の場合でも当てはまるという。天正十四年（一五八六）に秀吉が大坂城で副管区長のコエリョと面会した際、「シナのあらゆる土地に教会を建て、全人民がキリシタンになるように命じるだろう」と発言した。このケースでも、秀吉による明の征服は、全人民のキリスト教化に結び付けられている。信長・秀吉の発言は、ともに明における布教活動と表裏一体になっていると荒木氏は指摘する。

その理由は、フロイスが日本・明における布教保護の言質《げんち》を得たことを強調し、また信長が亡くなることで、遅れている明での布教について言い訳をしようとする意図があったという。そうしたレトリックのなかで、信長の発言を「明征服」と誇張した可能性も否定できないと指摘する。

一方で当時、スペインによる明征服が計画されており、それを考慮するならば、信長の「明征服」はあながち否定できないとも指摘する。一五八〇年にスペインはポルトガルを併合したが、フロイスらは反スペインの姿勢を取り続けた。フロイスはスペインに対抗すべく、信長・秀吉に軍事的な役割を期待したとも考えられるという。

しかし当時、各地の大名（上杉氏、長宗我部氏など）と交戦中の信長にとって、すぐに明の征服に向かったり、スペイン対策の余力があったのか疑問である。いったい何年先のことになるのか。想像すらつかない。

また、フロイスの『日本史』や『日本通信年報』は、日本側の一次史料と照合しながら用いるのが肝要である（松本：二〇一七）。『日本史』や『日本通信年報』の記事は、一次史料で裏付けるか、蓋然性を高める努力が必要だろう。したがって、信長の「唐入り」についても慎重になるべきで、安易に信じるべき性質のものではない。

論証方法など

明智氏は先行研究を調べ、史料もよく博捜している点は評価できよう。反面、肝心な検証は「結論ありき」で話が進んでいき、わずかな断片的な状況証拠と憶測を交えて、自説に有利な結論を導き出しているに過ぎない。

たとえば、天正十年（一五八二）四月以降、信長は富士山を見物し、東海道を通って安土城に帰城する（『信長公記』）。明智氏は、これを家康領の軍事視察であると考える。来るべき家康領への軍事侵攻に備えて、信長が富士山見物と称したというのである。おまけに、家康が道路や橋の普請を行ったが、これがのちの攻撃の際に役立ったし、実はそこまで信長が計算していたと指摘する。

むろん、それらを信長による家康領の軍事視察であると書いた史料はない。『信長公記』に書かれているのは、富士山見物と安土に帰着するまでの行程に過ぎない。

そのうえで、軍事視察の結果はその日のうちにまとめられたであろうとしたうえで、『当代記』の記述を引用する。『当代記』には、どこの宿泊であっても、光秀は老人だったので、信長の宿舎の近くに宿を仰せ付けられたと書かれている。この記述をもって、明智氏は信長と光秀が膝を突き合わせて、視察の結果の整理を行ったのはたしかであると指摘している。しかし、注意すべきは、『当代記』に書かれているのは、信長の宿の近くに光秀の宿が設定されたということだけであり、視察の結果を整理したとは書いていない。

読者はお気付きになったであろうが、明智氏の主張の一つは「信長が用済みになった家康を討つ」というものであった。そして、その自説を前提にして、富士山見物と安土帰着までの行程が、明確な根拠もないのに「家康領の軍事視察」であるとされている。また、信長の近くに光秀が宿を取ったことも、明確な根拠がないのに「二人が視察の結果の整理を行った」と決めつけられている。

明智氏の主張は、おおむねこのような形で展開されている。先述した「結論ありき」で話が進んでいき、わずかな断片的な状況証拠と憶測を交えて、自説に有利な結論を導き出しているに過ぎないのである。

ほかにも論点が多々あるが、キリがないので家康などの一件を書けば十分であろう。このような独特な論証方法では、万人を納得させることはできないと考える。少なくとも、信長が家康を討とうとした可能性がないのであれば、明智氏の説はまったく成立しないと考えられる。

終章

光秀単独犯説

単独犯説の提起

ここまで本書では、数々の黒幕説が成り立たないことを確認した。一般的に考えて、多くの黒幕説は史料の拡大解釈や論理の飛躍で成り立っており、とうてい従うことができない。また、二次史料の取り扱いについても、多くの疑問点があるといわざるを得ない。その点の詳細は、すでに述べたとおりである。

とはいいながらも、筆者である私自身の意見も述べる必要があるだろう。筆者の意見は光秀単独犯説である。単独犯説は従来説にもあったが、以下、この点について詳しく触れることにしたい。

戦国史家の池上裕子氏は、信長の家臣らに対する扱いについて、次のような重要な指摘を行っている（池上：二〇一二）。

戦功を積み重ねても、謀反の心をもたなくても、信長の心一つでいつ失脚するか抹殺されるかわからない不安定な状態に、家臣たちは置かれていた。一門と譜代重視のもと、譜代でない家臣にはより強い不安感があった。独断専行的で、合議の仕組みもなく、弁明・弁護の場も与えられず、家臣に連帯がなく孤立的で、信長への絶対服従で成り立っている体制が、家臣の将来への不安感を強め、謀反を生むのである。

池上氏の指摘は、別に光秀個人のことだけを意味しているのではない。家臣全般に共通していえることであり、彼らの不安なりを代弁した言葉でもある。

信長が家臣を追放した例は、実に多い。それらの大半は過去の失態を蒸し返されたもので、あまりに唐突なことだった。大坂本願寺攻めの失態を非難されて追放された佐久間信盛、過去の所業を非難され追放された安藤守就、林秀貞、丹羽氏勝。類例を挙げると、キリがないだろう。彼らは無念のうちに織田家中を去っていった。

それは、ときにエスカレートすると、死を与えられることもあった。いわば粛清《しゅくせい》である。

光秀のように信長から信頼をされていても、当人にとっては耐えざる恐怖だったに違いない。それは光秀だけでなく、信長の家臣の共通した思いではなかったのか。

『信長公記』には秀吉などを指して、働きの良い者を褒める記述がよく見られる。逆に、働きの悪い者は、容赦なく処罰された。おそらく秀吉のような者であっても、信長に恐怖したと考えられる。

もう一つの重要な指摘

池上裕子氏は、もう一つ重要な指摘を行っている。それは、荒木村重が謀反を起こしたのは、信長の居所から離れた有岡城（兵庫県伊丹市）だったが、光秀は直接信長の居所である本能寺を襲撃して信長を討ったという点である。

光秀は、少なくとも何らかの方法によって、信長が本能寺にわずかな手勢で入るという情報を得ていたと推測される。そこで、一か八かという賭けに出て、信長を討とうとしたことになる。光秀は自らが直接手を下し、信長を殺害することによって、活路を開こうとしたのである。しかし、後述するとおり、光秀には政権構想や将来的な展望がなかったといわざるを得ない。

したがって、変後に本能寺の焼け跡で信長の死体を発見できなかったことは、光秀を恐怖に陥れたのかもしれない。生きていれば、確実に逆襲される。

逆の観点から言えば、信長は光秀が謀反を起こすなど、少しも考えなかったことだろう。多くの軍勢を率いて安土城を出発しなかったのは、その証拠ではないだろうか。それが信長の甘さ、油断と言われれば、そうであるといわざるを得ない。

ときに信長は光秀に厳しく接することがあったのかもしれないが、彼にとっては信頼できる有能な部下だったのは事実である。二次史料の記述を除くと、変に至るまで、光秀の立場が危うくなった形跡はない。概して暴力的な人間は、自分が暴力を振るっていても、相手の気持ちに対して無頓着である。信長には、配慮（人の気持ちを知る）がなかったように思える。

光秀が送った文書

本能寺の変後、光秀は各地に味方を募るべく、諸大名に書状を送った。その結果、光秀に付き従ったのは、旧若狭守護の武田元明と同じく旧近江半国守護の京極高次らであった。ともに名門の出自ではあるが、すでに凋落《ちょうらく》していた感は否めない。

二人とも復活を期して、光秀に与したと推測されるが、味方としては大した力にならなかったようなイメージが強い。ただし、武田元明は丹羽長秀の佐和山城（滋賀県彦根市）を、京極高次は羽柴（豊臣）秀吉の長浜城（滋賀県長浜市）をそれぞれ占拠していた。しかし、結果として、二人は光秀を支えうる戦力にはならなかった。

天正十年（一五八二）六月二日、先述のとおり光秀は美濃の西尾光教に書状を送り、味方になるように誘い入れた（『武家事紀』所収文書）。光教はもともと斎藤道三に仕えていたが、のちに信長に仕えた武将である。書状の冒頭には、「父子悪逆天下之妨討果候」とある。父子とは、信長・信忠親子のことを意味している。

「天下之妨」とは、あくまで信長討伐を正当化する文言である。光秀は信長を討伐することには、大義名分があると言いたかったのである。ただし、冒頭部分の「父子悪逆天下之妨討果候」は、あまりに表現が露骨すぎて偽文書の疑いがなきにしもあらずである。写でもあり、文言に不審な点がある。

その理由は、光秀が送ったという味方を募った文書（ほとんどが写の文書）には、明確な偽文書があるからだ。いずれにしても、西尾光教は光秀の誘いには応じなかった。その後、光教は秀吉に仕えた。

ほかの光秀の偽文書も確認しておこう。同年六月二日、光秀は小早川隆景に書状を送った（『別本川角太閤記』所収文書）。その内容は、①毛利、小早川、吉川の三家が備中高松城で秀吉に抵抗していることが長く伝えられるべきであること、②光秀が信長を討ち果たし本懐を遂げたことなどが記されている、しかし、文言や文体はとても当時のものとは考えられず、明らかな偽文書と指摘できる。

同じく同年六月二日、光秀は毛利輝元に書状を送った（『松雲公採集遺編類纂』所収文書）。その内容は、①光秀が悪逆無道の信長を討ち果たしたこと、②秀吉については毛利氏が討ち果たすべきこと、③そして義昭が急ぎ上洛できるよう力を尽くしてほしいこと、が書かれている。こちらも信長を「悪逆無道」と表現するなどしており、ほかにも文言や文体に疑わしい点が確認される。偽文書であるのは間違いない。

先述のとおり、光秀は諸大名に対して、味方になるよう依頼した書状を送ったに違いない。しかし、それらが残っていないのは、のちに嫌疑をかけられることを恐れたからだろう。実際に光秀のもとに駆け付けた武将は少なく、最終的に討たれたのである。

光秀に展望はあったのか

では、ほかの諸大名は、実際にどのような対応をしたのだろうか。まずは、大和の大名である筒井順慶の例を確認しておこう。

光秀が味方の一人にと頼みにしていたのは、大和の筒井順慶だった。光秀がたびたび大和に出向いたことがあったので、ともに親しい間柄であったと指摘されている。順慶は、光秀の与力でもあった。そのような事情から、天正十年（一五八二）六月四日、順慶は光秀のために京都に援軍を派遣したが、その態度は実にあいまいだった。

順慶は光秀に援軍を派遣したり、呼び戻したりしていたが、最終的に大和の与力衆から血判の起請文を取り、羽柴（豊臣）秀吉に誓書を送った（『多聞院日記』）。つまり、順慶は光秀ではなく、秀吉に味方したのである。いかに順慶が光秀と良好な関係にあったとはいえ、一族や与力衆の存亡がかかっていた。順慶は情勢を冷静に判断した結果、秀吉に与《くみ》することに利があると判断したのである。

しかし、その決断は決して順慶一人だけでできるものではなかった。順慶と大和の与力衆の関係は、そもそも信長によって規定されていた。大和の与力衆は、あくまで信長の命令によって順慶に属したに過ぎなかったのである。そのような経緯があったので、信長が光秀に討たれた以上、順慶は改めて大和の与力衆に対し、今後のこと（光秀と秀吉のいずれに与するのか）について意向を問う必要があった。

与力衆の意向を踏まえた結論が、秀吉に味方することだった。ゆえに、順慶は代表して秀吉に誓書を送ったと指摘されている（片山：二〇一八）。そこで問題になるのは、従来、順慶の態度が優柔不断とされた「洞《ほら》ヶ《が》峠《とうげ》の日和見《ひよりみ》」である。現在、「洞ヶ峠の日和見」は単なる後世の逸話に過ぎず、再考の余地があると指摘されている。

順慶は秀吉方に与したが、光秀には頼りになる存在がほかにもあった。その人物こそが、細川（長岡）藤孝である（のちの細川幽斎）。

藤孝の嫡男・忠興は、光秀の娘・お玉（細川ガラシャ）を妻として迎えていた。婚姻関係は、互いの同盟や強固な関係を誓ったものである。こうした緊密な関係から、光秀は細川氏が間違いなく味方してくれると思ったに違いない。

突発的に起きた本能寺の変

光秀と細川氏の関係を検討し、本能寺の変が黒幕などにより計画的に実行されたのではなく、突発的に起きたことを確認しておこう。

本能寺の変が計画的なものではなく、突発的に起こったことは、三ヵ条から成る天正十年（一五八二）六月十日付の明智光秀書状によって窺い知ることができる（「細川家文書」）。なお、この文書の宛先は切断されているが、明らかに藤孝・忠興父子に宛てられたものと考えてよい。以下、三ヵ条の内容について、箇条書きで次に示しておきたい。

①藤孝・忠興父子が髻を切ったことに対して、光秀は最初腹を立てていたが、改めて二人に重臣を派遣したので、親しく交わって欲しい。
②藤孝・忠興父子には内々に摂津国を与えようと考えて、上洛を待っていた。ただし、若狭を希望するならば、同じように扱う。遠慮なくすぐに申し出て欲しい。
③私（光秀）が不慮の儀（本能寺の変における信長の謀殺）を行ったのは、忠興などを取り立てるためであった。それ以外に理由はない。五十日百日の内には、近国の支配をしっかりと固め、それ以後は明智光慶と忠興に引き渡して、自分（光秀）は政治に関与しない。

藤田達生氏は、「光秀は藤孝に事前にクーデター計画を伝えていたこと、クーデター直後の混乱を終息させた後、子息や娘婿に政権運営を託して隠居する予定だった」との見解を提示している。しかし、実際には谷口克広氏が指摘するように、文章はほとんど哀願に近いものである。この点はいかに考えるべきであろうか。

①は藤孝父子が光秀からの誘いを断って髻を切ったものか、光秀の縁者であることを憚って、あえてこのような行動に出たのかはよくわからない。しかし、光秀に与しない意思表示であることはたしかである。当初、光秀は二人に腹を立てていたが、説得を試みたのは、自身が厳しい状況にあったからだろう。

②は光秀がどのような手段を用いても、藤孝らを味方にしたいという意志のあらわれであろう。所領の付与は、そのなかで最も有効な方法だった。おまけに、若狭を与えても良いと選択の余地を与えているのだから、最大限の譲歩をしている。とにかく二人に「味方になってほしい」との強いメッセージを読み取ることができる。

問題は、③である。史料の冒頭に「不慮の儀」とあるように、本能寺の変は計画的なものではなく、光秀のとっさの行動であったことを裏付けている。こうなってしまった以上は仕方がないと光秀は考え、信長を討ったことは娘婿の忠興のためであったと話をすりかえた。そして、畿内を平定したうえは政治から退き、明智光慶と忠興にあとのことを任せると言い訳をしているに過ぎない。

窮地に追い込まれた光秀は、どのような手段を使っても藤孝・忠興父子を味方に引き入れなくてはならなかった。おまけに、変の前に了解を取り付けたわけではなく、変後にあたふたと右往左往しているのである。筒井氏や細川氏の件を見る限り、やはり光秀には政権構想や政策も展望もなく、行き当たりばったりだった様子がうかがえる。

朝廷との交渉

光秀は諸将との交渉に失敗したが、朝廷との関係はうまくいったようである。そこには、何らかの意図があったのだろうか。

変後、光秀はしばらく安土城（滋賀県近江八幡市）に滞在していた。天正十年（一五八二）六月七日、朝廷からの勅使が安土城の光秀のもとに遣わされた。勅使は、光秀と親しい吉田兼見が務めていた。朝廷が兼見を勅使に起用したのは、光秀との強い関係を考慮したものと考えられる。

光秀に勅使を派遣した目的は、本能寺の変後の京都では未だ騒乱状態が続いているので、その鎮静に力を貸して欲しいというものだった（『兼見卿記』）。光秀は正親町天皇と誠仁親王に謁見《えっけん》すべく早々に上洛し、会談に臨んだ。誠仁は光秀との面会のなかで、京都の支配を任せる意向を示した。

光秀は過去に京都市中の経営の実績もあり、当時は信長の後継者にふさわしい人物と思われていた。まさしく光秀は、天下人になったのだろうか。とはいいながらも、それは必ずしも「ぜひ光秀に」というものではなかった。信長配下の有力な重臣が地方で交戦している以上、朝廷は光秀を頼らざるを得なかったのである。

同年六月九日、再び光秀は上洛の途につくと、往時の信長のように摂関家など公家衆から出迎えられた。光秀は兼見の邸宅に入ると、天皇・皇太子へ銀子五百枚を献上し、大徳寺（京都市北区）や京都五山には銀子百枚、そして兼見にも銀子五十枚を献上した。これは、かなりの大金だったといえる。

天皇や皇太子そして大徳寺や京都五山に献金をしたのは、今後の京都市中の経営を円滑に進めるためであろう。京都支配を熟知していた光秀は、朝廷や寺社への奉仕は欠かせないことを知っていた。では、朝廷が京都市中の支配を光秀に任せたのは、信頼していたからなのであろうか。

同月九日夜、兼和（兼見）が銀子五百枚を携えて皇太子に持参した際、皇太子からの礼状を託されていた。その後、兼見は光秀のもとに礼状を持参したが、その内容は京都の治安回復を早急に進めて欲しいという内容だった（『兼見卿記』など）。変後、一週間を経ても、まだ京都の治安は回復されていなかった。

皇太子が礼状を兼見に託したのは、特に光秀が信頼されたという意味ではなかった。単に光秀が信長を討ってしまったため、必然的に京都の治安維持に責任を追う立場になったからだった。極論を言えば、別に光秀でなくても構わなかったのだが、現実には光秀しかいないという事情があった。

光秀の政権構想あるいは将来的な展望は、なかなか見えてこない。摂政・関白の地位に就くとか、将軍になるなどは、とりあえず思考の範囲外であったと考えられる。とりあえず、可能な限り味方を集め、これから起こるであろう信長配下の諸将との戦闘に備え、軍事力の強化を図りたかったのは間違いないだろう。同時に、天皇を推戴して京都支配を円滑に進めることで、自らの威勢を伸長させることぐらいだろうか。おそらく、一万余という光秀単独の軍事力では、交戦しきれない可能性が大きかった。

構想なき光秀

光秀が本能寺の変を起こしたのは、むろん信長がわずかな手勢で本能寺に滞在したという事情もあったが、ほかにも有力な諸将が遠隔地で戦っている点にもあった。

彼らが京都に戻ってくるまでには時間がかかるのは自明のことなので、光秀はその間に畿内を固めれば、諸大名が味方になってくれると思ったのであろう。事前に周到な準備をしていたならば、筒井氏や細川氏のようなことはなく、中川氏や高山氏から断られることはなかっただろう。信長を討つという判断を下したのも、変の決行直前であったと考えられる。

しかし、それがうまくいかなかったことは、すでに述べたとおりである。見通しが甘かったといわざるを得ない。光秀は、もっとも頼りにする藤孝・忠興父子にさえも、味方になることを断られたのである。そもそも光秀には、変後の将来構想や政権構想がなかったと考えられるので、いたしかたないだろう。

強いて構想というならば、足利義昭黒幕説のところで触れたが、変後に義昭を推戴して幕府再興を実現し、その麾下《きか》に収まることだろうか。ただ、これも変の前に十分に練り上げられ、十分に計画されたものではなく、変後になって考えたことである。変以前に光秀と黒幕が通じていたとは考えられない。すべては、泥縄式だった。

光秀単独犯説については、先述した光秀の混迷ぶりを確認するだけで十分であろう。計画性のなさは、池上裕子氏も指摘しているとおりである。

繰り返しになるが、現在残っている史料（特に二次史料）からは、さまざまな黒幕や陰謀説を証明することができない。一次史料を見る限りでは、光秀の突発性ばかりがうかがえ、計画性は見られない。したがって、現時点では光秀の単独的な犯行と考えざるを得ず、それが妥当であると考える。

本能寺の変をめぐる黒幕説は、今後も次々と登場することであろう。本書が本能寺の変を考えるうえで、何らかの資する点があれば幸いである。

おわりに

「今は歴史ブームですか?」と聞かれると、何とも答えづらい。

たしかに、城郭や刀は大人気で、関係する書籍や雑誌の特集も続々と刊行されている。世界遺産の観光客数には陰りがあるが、人気スポットであるのは疑いないだろう。

歴史の書籍についても、売れているものも少なくない。ただ、売れているものはユニークな説を提示しているが、歴史学的な方法に拠っていない、いわゆるトンデモ本が大半であるといっても過言ではない。

トンデモ本の特徴は、すでに「はじめに」に書いたとおりで、多くは史料が読めないにもかかわらず、自説に有利なようにあらゆる事象を解釈することである。

良質な歴史の本の見分け方の目安は、①歴史学のトレーニングを受けた人が書いたものか、

②学術論文を書いたことがある人が書いたものか、③文中に根拠となる史料名を挙げているか、④巻末に参考文献を挙げているか、になろう。むろん、一般書は学術論文ではなく、注記が多すぎると読む妨げになるので、③④は必要最低限ということになる。

本来の歴史研究は地味なもので、泉が湧くように「アッと驚く結論」が次々と出てくるものではない。では、なぜ専門家がトンデモ本について批判しないのかという話になるが、それは無駄かつ徒労に終わるからである。トンデモ本は歴史学の方法に拠っていないので、最初から議論がかみ合わない。議論は平行線で、相手には理解されない。ましてや、批判したところで学界にも貢献しないし、自身の研究業績にもならない。

とりわけ本能寺の変については、首を傾げたくなるような説が満載である。

本書ではその中から主要な説を選び、どこに問題があるのかを指摘した。読者は説が大胆であれば、大胆であるほど、まったく史料的な根拠がないことにお気付きになったはずである。歴史研究の根本である史料や研究史は、読者にとってブラックボックスの中身のようなもので、非常にわかりづらい。今後、その点を克服することが、一般向けの歴史の本の課題であるように思える。

なお、本書は一般書であることから、本文では読みやすさを重視して、学術論文のように逐一、史料や研究文献を注記しているわけではない。執筆に際して多くの論文や著書に拠ったことについて、厚く感謝の意を表したい。

最後に、本書の編集に関しては、晶文社の江坂祐輔氏のお世話になった。江坂氏には原稿を丁寧に読んでいただき、種々貴重なアドバイスをいただいた。ここに厚くお礼を申し上げる次第である。

二〇一九年十一月

渡邊大門

主要参考文献（氏名五十音順）

秋澤繁「織豊期長宗我部氏の一断面――土佐一条家との関係（御所体制）をめぐって――」（『土佐史談』二一五号、二〇〇〇年）
秋田裕毅『神になった織田信長』（小学館、一九九二年）
明智憲三郎『本能寺の変 四二七年目の真実』（プレジデント社、二〇〇九年）
明智憲三郎『本能寺の変 431年目の真実』（文芸社文庫、二〇一三年）
朝尾直弘『将軍権力の創出』（岩波書店、一九九四年）
浅利尚民ほか編『石谷家文書 側近のみた戦国乱世』（吉川弘文館、二〇一五年）
安部龍太郎ほか『真説 本能寺の変』（集英社、二〇〇二年）
天野忠幸「総論 阿波三好氏の系譜と動向」「三好政権と東瀬戸内」（同編『阿波三好氏』岩田書院、二〇一二年）
荒木和憲「信長は「明征服」を実行しようとしていたのか？」（洋泉社編集部編『ここまでわかった 本能寺の変と明智光秀』洋泉社歴史新書y、二〇一六年）
池上裕子『織田信長』（吉川弘文館、二〇一二年）
石崎建治「本能寺の変と上杉景勝――天正十年六月九日付景勝書状――」（『日本歴史』六八五号、二〇〇五年）

今谷 明『信長と天皇――中世的権威に挑む覇王』（講談社学術文庫、二〇〇二年）
遠藤珠紀「天正十年の改暦問題」（東京大学史料編纂所編『日本史の森をゆく』中央公論新社、二〇一四年）
岡野友彦『源氏と日本国王』（講談社現代新書、二〇〇三年）
奥野高廣『足利義昭』（吉川弘文館、一九六〇年）
奥野高廣『増訂織田信長文書の研究 上・下・補遺』（吉川弘文館、一九八八年）
尾下成敏「羽柴秀吉勢の淡路・阿波出兵――信長・秀吉の四国進出過程をめぐって――」（『ヒストリア』二一四号、二〇〇九年）
小和田哲男『明智光秀 つくられた「謀叛人」』（PHP新書、一九九八年）
片山正彦「筒井順慶の「日和見」と大和国衆」（『地方史研究』三九二号、二〇一八年）
金子 拓『記憶の歴史学 史料に見る戦国』（講談社選書メチエ、二〇一一年）
金子 拓 編『『信長記』と信長・秀吉の時代』（勉誠出版、二〇一二年）
金子 拓『織田信長〈天下人〉の実像』（講談社現代新書、二〇一四年）
神田千里『織田信長』（ちくま新書、二〇一四年）
神田裕理「信長の「馬揃え」は、朝廷への軍事的圧力だったのか」（日本史史料研究会監修・渡邊大門編『信長研究の最前線2 まだまだ未解明な「革新者」の実像』洋泉社歴史新書y、二〇一七年）
木下昌規「織田権力の京都支配」（戦国史研究会編『織田権力の領域支配』岩田書院、二〇一一年）
木下昌規「本能寺の変の黒幕説（朝廷・足利義昭）は成り立つのか」（渡邊大門編『真実の戦国時代』柏書房、二〇一五年）
桐野作人『真説 本能寺』（学研M文庫、二〇〇一年）

桐野作人『だれが信長を殺したのか――本能寺の変・新たな視点――』（PHP新書、二〇〇七年）
桐野作人『織田信長――戦国最強の軍事カリスマ――』（新人物往来社、二〇一一年）
久野雅司『足利義昭と織田信長』（戎光祥出版、二〇一七年）
久野雅司『織田信長政権の権力構造』（戎光祥出版、二〇一九年）
桑田忠親『太閤記の研究』（徳間書店、一九六五年）
桑田忠親『明智光秀』（新人物往来社、一九七三年）
黒嶋　敏「「光源院殿御代当参衆并足軽以下衆覚」を読む――足利義昭の政権構想――」（『東京大学史料編纂所研究紀要』一四号、二〇〇四年）
小泉義博『本願寺教如の研究　上』（法蔵館、二〇〇四年）
小林正信『織田・徳川同盟と王権　明智光秀の乱をめぐって』（岩田書院、二〇〇五年）
小林正信『正親町帝時代史論――天正十年六月政変の歴史的意義』（岩田書院、二〇一二年）
小林正信『明智光秀の乱――天正十年六月政変　織田政権の成立と崩壊』（里文出版、二〇一四年）
堺　有宏「明智光秀と朝廷――本能寺の変前後の公武関係を通して――」（『七隈史学』一五号、二〇一三年）
堺　有宏「天正九年京都馬揃えと朝廷」（『日本歴史』七八八号、二〇一四年）
柴　裕之「明智光秀は、なぜ「本能寺の変」を起こしたのか」（日本史史料研究会編『信長研究の最前線　ここまでわかった「革新者」の実像』洋泉社歴史新書y、二〇一四年）
柴　裕之『徳川家康　境界の領主から天下人へ』（平凡社、二〇一七年）
島津忠夫校注『新潮日本古典集成　連歌集』（新潮社、一九七九）
鈴木眞哉・藤本正行『信長は謀略で殺されたのか――本能寺の変・謀略説を嗤う――』（洋泉社歴史新書y、二〇〇六年）

諏訪勝則「織豊政権と三好康長――信孝・秀次の養子入りをめぐって――」（天野忠幸編『阿波三好氏』岩田書院、二〇一二年）
染谷光廣「織田政権と足利義昭の奉公衆・奉行衆との関係について」（『国史学』一一〇・一一一合併号、一九八〇年）
染谷光廣「本能寺の変の黒幕は足利義昭か」（『別冊歴史読本 明智光秀 野望！本能寺の変』新人物往来社、一九八九年）
高橋裕史「イエズス会は日本征服を狙っていたのか？」（歴史読本編集部編『ここまでわかった！ 本能寺の変』新人物往来社、二〇一二年）
高柳光壽『明智光秀』（吉川弘文館、一九五八年）
立花京子『信長と十字架――「天下布武」の真実を追う』（集英社新書、二〇〇四年）
立花京子『信長権力と朝廷 第二版』（岩田書院、二〇〇四年）
谷口克広『検証 本能寺の変』（吉川弘文館、二〇〇七年）
谷口克広『織田信長家臣人名辞典 第2版』（吉川弘文館、二〇一〇年）
谷口研語『明智光秀 浪人出身の外様大名の実像』（洋泉社歴史新書y、二〇一四年）
土田将雄「細川藤孝と明智光秀―『明智軍記』考――」（『上智大学国文学科紀要』一号、一九八四年）
土田将雄『細川幽斎の研究』（笠間書院、一九七六年）
土田将雄『細川幽斎の研究 続』（笠間書院、一九九四年）
中脇聖「土佐一条兼定権力の特質について」（『十六世紀史論叢』二号、二〇一三年）
平野明夫「織田・徳川同盟は強固だったのか」（日本史史料研究会編『信長研究の最前線 ここまでわかった「革新者」の実像』洋泉社歴史新書y、二〇一四年）

藤井譲治「阿波出兵をめぐる羽柴秀吉書状の年代比定」（『織豊期研究』一六号、二〇一四）
藤田達生『本能寺の変の群像――中世と近世の相克――』（雄山閣出版、二〇〇一年）
藤田達生『謎とき本能寺の変』（講談社現代新書、二〇〇三年）
藤田達生「「鞆幕府」論」（『芸備地方史研究』二六七号、二〇一〇年）
藤田達生『証言 本能寺の変――史料で読む戦国史――』（八木書店、二〇一〇年）
藤田達生『信長革命――「安土幕府」の衝撃――』（角川選書、二〇一〇年）
藤田達生「史料紹介 美濃加茂市民ミュージアム所蔵（天正十年）六月十二日付明智光秀書状」
（『織豊期研究』一九号、二〇一七年）
藤田達生・福島克彦編『明智光秀 史料で読む戦国史③』（八木書店、二〇一五年）
〈以下、特に参考にした文献〉山田康弘「戦国時代における足利将軍とその周辺」、
藤田達生「織田停戦令と派閥抗争」、
同「本能寺の変研究の新段階――「石谷家文書」の発見――」、
同「足利義昭の上洛戦――「石谷家文書」を読む――」
藤本正行『本能寺の変――信長の油断・光秀の殺意――』（洋泉社歴史新書y、二〇一〇年）
堀　新『織豊期王権論』（校倉書房、二〇一一年）
堀越祐一「文禄期における豊臣蔵入地――関白秀次蔵入地を中心に――」
（『豊臣政権の権力構造』吉川弘文館、二〇一六年）
松下　浩「信長「神格化」の真偽を検証してみる」
（日本史史料研究会監修・渡邊大門編『信長研究の最前線2 まだまだ未解明な「革新者」の実像』
洋泉社歴史新書y、二〇一七年）

松本和也「信長とイエズス会の本当の関係とは」（日本史史料研究会監修・渡邊大門編『信長研究の最前線2 まだまだ未解明な「革新者」の実像』洋泉社歴史新書y、二〇一七年）
水野 嶺「足利義昭の栄典・諸免許の授与」（『国史学』二一一号、二〇一三年）
柳沢昌紀「甫庵『信長記』初刊年再考」（『近世文芸』八六巻、二〇〇七年）
山田康弘「戦国期幕府奉行人奉書と信長朱印状」（『古文書研究』六五号、二〇〇八年）
山本博文「明智光秀の史料学」（『続日曜日の歴史学』東京堂出版、二〇一三年）
渡邊大門「中国大返し再考」（渡邊大門編『戦国史の俗説を覆す』柏書房、二〇一六年）
渡邊大門編『信長研究の最前線2 まだまだ未解明な「革新者」の実像』（洋泉社・歴史新書y、二〇一七年）
渡邊大門「中国大返し再々考」（『十六世紀史論叢』一〇号、二〇一八年）
渡邊大門『光秀と信長 本能寺の変に黒幕はいたのか』（草思社文庫、二〇一九年）
渡邊大門『明智光秀と本能寺の変』（ちくま新書、二〇一九年）
渡邊大門「丹波八上城の攻防をめぐる一考察」（同編『戦国・織豊期の政治と経済』歴史と文化の研究所、二〇一九年）
渡邊大門「足利義昭黒幕説をめぐる史料について」（『研究論集 歴史と文化』四号、二〇一九年）

＊本能寺の変に関しては数多くの研究があるが、本書で特に参照したものに限らせていただいた。また、一般の読者の便を考慮して、専門的な論文集（あるいは雑誌論文）よりも、一般向けのわかりやすいものを掲出させていただいた。ご海容のほどをお願い申し上げる。
＊「本能寺周辺位置関係図」（一二三頁）作成においては、高橋康夫『洛中洛外――環境文化の中世史』（平凡社、一九八八年）も併せて参照した。

渡邊大門　わたなべ・だいもん

歴史学者。一九六七年、神奈川県生まれ。関西学院大学文学部卒業、佛教大学大学院博士後期課程修了。博士（文学）。現在、株式会社歴史と文化の研究所代表取締役。日本中世政治史専攻。戦国時代を中心に日本史を研究。主な著書に『明智光秀と本能寺の変』（ちくま新書）、『光秀と信長　本能寺の変に黒幕はいたのか』（草思社文庫）、『関ヶ原合戦は「作り話」だったのか　一次史料が語る天下分け目の真実』（PHP新書）、『山陽・山陰の戦国史』（ミネルヴァ書房）、『奪われた「三種の神器」　皇位継承の中世史』（講談社現代新書）、『宇喜多秀家と豊臣政権』（洋泉社歴史新書y）、『戦国時代の表と裏』（東京堂出版）など。

本能寺《ほんのうじ》の変《へん》に謎《なぞ》はあるのか？

史料《しりょう》から読《よ》み解《と》く、光秀《みつひで》・謀反《むほん》の真相《しんそう》

二〇一九年一二月二〇日　初版

著　者　渡邊大門

発行者　株式会社晶文社

〒一〇一−〇〇五一　東京都千代田区神田神保町一−一一

電話　〇三−三五一八−四九四〇（代表）・四九四二（編集）

URL http://www.shobunsha.co.jp

印刷・製本　ベクトル印刷株式会社

ISBN978-4-7949-7166-1　Printed in Japan